그림자 읽기

그림자 읽기

황희순 산문집

詩와에세이

작가의 말

어디서부터 잘못된 것일까. 어둔 그림자가 항상 따라다녔다. 나를 지우면 그림자도 지워질 터, 나를 지우기 시작했다. 흔들리는 틈, 남은 잔상, 이미 못이 되었거나 몸이 되어버린 그림자를 마주하며 호흡을 가다듬었다. 이 책은, 피하지 않고 나를 읽고 지우며 흘려보낸 시간의 기록이다.

그동안 하지 못한 말이 있다.
나를 다시 살게 해준 진욱이, 내 맘속에 살아있는 수진이, 함께하지 못해 미안하다. 사랑한다.

2025년 9월
황희순

작가의 말 · 05

제1부

자발적 유배 비록 1 · 13
빛과 뱀과 나와 · 20
길 너머 길 · 29
나는 나를 모르고 1 · 35
나는 나를 모르고 2 · 40
덫 · 44
못다 한 이야기 · 48
신발이라는 그릇 · 55

제2부

새싹이 봄에만 돋는 건 아니므로 · 61

자발적 유배 비록 2 · 81

강물아, 어디로 가니 · 90

새가 날아간 자리 · 96

분꽃프리즘 · 102

노인을 위한 나라는 없다지만 · 109

7일간의 산책 · 113

뿌리 불러오기 · 119

제3부

사바아사나 · 131

아무것도 아닌, 나를 위한 비가(悲歌) · 136

절망과 절망 사이 · 142

비 오는 밤의 토크 · 146

그런 때도 있었지 · 152

물고기는 알고 있다는데 · 158

창을 떠나지 않는 구름 · 162

별별 환상 · 166

제4부

엉겅퀴 붉게 피던 · 175

한 계단 내려서서 · 180

청개구리경 · 184

꽁꽁 접어두었던 것 · 194

괜찮아, 지금이 더 좋은 때 · 199

소풍 · 202

이별, 익숙해지지 않는 · 207

'기도하는 사람'을 위하여 · 213

제1부

자발적 유배 비록 1

> 여행 떠날 각오가 되어있는 사람만이 자기를 묶고 있는 속박에서 벗어날 수 있다.
> ―헤르만 헤세

 모래알같이 많은 나날, 일탈하고 싶은 생각에 잠겨본 적 없는 이가 있을까? 사표를 던지고 싶거나 불편한 누군가와 절연하고 싶거나 어려운 사업 접고 싶거나, 결정장애에 걸린 듯 망설이고 망설이다 인생 끝날 것 같아 속이 썩을 때 왜 없었겠는가. 실패할 용기가 가장 큰 용기라 했다. 유쾌하지 않은 일을 결행했다면 실패한 거나 다름없다. 그 후 생각지 않은 어려움이 닥쳐온다 해도 타의 아닌 자의로 결정한 일이니 또 다른 용기로 이겨내면 된다. 지겨운 일상에서 잠시 벗어나는 것도 용기가 필요하다. 돌고 돌다 제자리로 돌아오겠지만, 결국은 그렇게 될지라도, 새로운 환경을 살면서 반짝거리는 나를 잠시 되찾게 된다면 망설일 일이 뭐 있겠는

가. 그런 시간을 누가 손에 쥐여주겠는가.

 봄마다 도지는 상처, 더욱더 싫어지는 하늘과 거리, 나는 대전을 떠나 봄을 살아보기로 맘먹고 은둔할 곳을 구했다. 길눈이 어두워 내비게이션을 보고 또 보며 실패할 용기를 다졌다. 두 달을 계획하고 2019년 3월 초, 찌든 일상을 뒤로하고 제주행 비행기에 몸을 실었다.

 제주도 서쪽 끄트머리, 마을 입구에 들어서니 대전과 달리 봄기운이 온몸을 감쌌다. 서울에 사는 E모 선배 시인의 별저, 간혹 문인들에게 무상으로 빌려주기도 한다는 그곳은 한적하고 마당이 넓은 양옥이었다. 한동안 사람 손길이 닿지 않은 집 안팎에 제주 특유의 현무암 색깔 먼지가 곱게 쌓여있었다. 서너 시간 깨끗이 청소하고 짐을 풀었다. 자발적 유배, 난생처음 느끼는 낯섦에 약간의 흥분이 스멀스멀 피어올랐다. 그곳을 다녀간 익히 알 만한 몇몇 시인들의 방명록을 훑어보며 첫 밤을 맞았다. 말로만 듣던 제주의 바람이 밤새도록 창을 시끄럽게 흔들어댔다. 잠을 설치고 맞이한 첫 아침, 꽃과 풀과 나무 가득한 마당을 보며 일탈의 쾌감을 온몸으로 받아 안았다. 바다가 보고 싶었지만, 비바람이 그치질 않아 하늘만 치어다보며 이틀을 보냈다.

 사흘째 되던 날 처음으로 바다를 보러 집을 나섰다. 동백꽃 낭자하게 떨어진 한적한 골목을 지나 15분쯤 걸어가니 녹고물오름(77m, 수월봉)이 있었다. 들뜬 마음을 읽었다는 듯 그곳 바다와 하늘은 환상적인 쪽빛을 보여주었다. 수월이와 동생 녹고의 눈물겨운 전설이 있는 곳, 그날 이후 비만 오지 않으면 수월봉과 엉알해안길과 노을해안길을 걷고 또 걸었다. 시시각각 다른 표정의 해거름 바다, 해가 잠길 때까지 누가 보든 말든 넋 놓고 서있다가 돌아오곤 했다. 그 길가엔 잎을 접고 잠잘 준비를 하는 토끼풀과 참쑥이 있어 살금살금 걸었다.

동백꽃이 있는 집 앞 골목. 2019. 3. 6.

집 앞을 오가며 기웃거리던 옆집 개가 일주일쯤 지나자 산책길을 따라다니기 시작했다. 나도 개가 무서운데 개도 내가 무서운 모양, 걷다가 돌아보면 짐짓 딴청을 피웠다. 가까이 오면 싫은 내색을 했더니 적당한 거리를 두고 매일 따라다녔다. 우린 마지막 날까지 서로 아무것도 아니었다.

일찍 어둠이 깃드는 바닷가 마을, 밤중엔 별이라도 하나 떨어져 있을 것 같은 돌담길을 서성서성 고요에 귀를 기울였고, 달이 밝을 때면 적막한 노을해안길을 오래 걸었다. 천억 개 은하가 있다는 우주, 그중 우리은하 한구석 먼지 같은 행성인 지구에 찰나 머무는 별의 부스러기인 나는 얼마나 작은가. 목소리는 안녕한가. 살아는 있는 건가. 돌아오는 길 끝에 서서 아, 아, 모기만도 못한 소리로 나는 나를 의심하며 내게 말을 걸어보기도 했다.

수월봉 앞바다 가득 빛나는 윤슬은
이 땅을 걷던 이들 눈빛이래
어두워지면 저쪽 하늘로 올라가 반짝인대

이쪽 모든 존재도 저쪽에서 보면 별같이 빛날지 몰라
죽은 이의 자리는 이쪽일까 저쪽일까

나는 살아있는 걸까 죽은 걸까

산비둘기는 전봇대에 앉아 나를 읽고 있다는 듯
그렇지그렇지, 그 말만 매일 되뇌다 사라진다

넌 어디로 날아간 거니

상현달 중천에 걸린 지금
내 눈빛 보고 있는 거니

나도 너처럼 반짝이니

―「막다른 봄 1」(2019)

  마당은 쥐며느리 세상이었다. 풀을 뽑아도 나뭇가지나 돌을 들춰도 어디든 있었다. 뜰에 서있으면 발밑으로 기어들기도 했다. 진창도 풍덩풍덩 밟고 다닌 이 발은 위험한데, 믿으면 안 되는데, 내 발밑을 나도 본 적이 없는데, 질끈 밟을지도 모르는데, 어쩌려고 나를 풀이거나 썩은 나뭇가지로 여기는 것이냐. 이웃 닭이 와서 흙을 파헤쳐가며 쥐며느리를 쏙쏙 주워 먹었다. 이곳은 본래 그들의 땅, 나의 은둔을 방해하지 않으니 나도 그들의 삶을 방해하지 않으려고 조심했다. 일주일쯤 지난 어느 날 옆집 주인이 와서 말을 걸었다. 사투리 때문에 잘 알아들을 수는 없었지만, 이 집을 산 건지 이곳에서 계속 머물 건지 묻는 듯했다. 제주어지만 우리말인데 소통할 수가 없어 당황했다. 손짓과 표정으로 몇 마디 주고받은 후 그곳에 머무는 동안 그를 다시 만나지 못했다.

  하루하루가 단출히 저물어갔다. 봄은 깊어지고 따듯한 햇살에 나뭇잎 자라는 소리가 손에 잡힐 듯했다. 산책길 오가며 딴 쑥잎과 번행초 새순으로 부침개를 만들어 먹기도 하고 마당 한쪽에서 무성하게 자라고 있는 스피아민트 잎을 따서 따끈한 물에 향을 우려 마시며 어느새 나는 바닷가 그 길 그 집 그 방 부분이 되어가고 있었다.

매일 걷던 엉알해변. 2019. 04.

  두 달을 약속했으나 49일이 지나고 52일째 여기저기 부려놓았던 마음들 그러모아 싸안고 그곳을 떠났다. 비행기는 왜 그리 빠르게 날던지, 선잠 자다 헛꿈을 꾼 듯 광속으로 본거지에 도착했다. 시계가 고장이라도 났던 걸까? 아니, 제주에서의 시간은 전생(前生)의 일이었을지도 모르겠다.

  여행을 통해 아무것도 얻지 못했다고 하소연하는 이에게 소크라테스는, "아마도 자네는 자신을 짊어지고 여행한 모양일세." 했단다. 죽지 않고서야 내 안에 똬리 틀고 있는 나를 찰나라도 어찌 내려놓을 수 있겠는가. 나는 나를 짊어진 채 바람과 바다와 별과 서늘한 달빛과 매일 만나는 바닷새들을 벗하며 제를 지내듯 잠시 일탈을 누렸다. 속세계는 본래 어두운 터널, 꿈은 젊은 시절의 치기였고 즐거움은 찰나 느끼는 허망한 감정이었다. 꿈이나 즐거움 없이 고통만으로도 시간은 변함없이 잘도 흘러가더라. 고통 없이 진화할 수 없다지만 이제 진화 아닌 평온을 원한다. 가능한 한 지금보다 더 힘들지 않기만 바랄 뿐이다.

빛과 뱀과 나와
―그림자 읽기

 어릴 때 이야기다. 시골에서 나고 자란 나는 뱀이 징그럽긴 해도 겁먹지 않았다. 물린 적 없고 물린 사람도 못 보았기 때문에 산길이나 신작로를 가다 뱀을 만나도 도망가지 않고 구경했다. 학교 오가는 길에 뱀이 나타나면 남자친구 중 하나가 돌을 던졌다. 그러면 여러 명이 돌멩이 하나씩만 던져도 예닐곱 방은 맞으니 죽기도 했다. 할머니는 이웃 아저씨가 잡아 가져다준 뱀을 허리 아픈 아버지에게 약으로 고아주곤 했다. 하여 친구들과 함께 돌을 던져 죽인 뱀을 막대기에 걸쳐 들고 집에 간 적도 있다.

 이삼십 대가 옥신각신 지나가고 사십 대 초반 집안에 우환이 덮쳤다. 현실이 꿈만 같았고 자각하지 못한 어떤 일로 천벌을 받은 건지, 견디기 힘든 나를 극도로 혐오했다. 사람으로 살고는 있는 건지, 어쩌면 내가 징그러운 뱀일지도 모른다는 상상 속에 나는 나를 의심하고 자학하며 매일 밤을 낭비했다.

뱀이 침 뱉어 놓는다는 뱀딸기, 먹으면 한밤중 뱀이 기어들어 뱀 새끼 밴다 했다. 징그러운 뱀이 된다 했다. 할머니 말 믿기지 않아 빨갛게 익은 뱀딸기 따먹고 말았다. 맛대가리 없는 그것을 몰래 꿀떡 삼켜버리고 나는 서서히, 느물느물, 뱀이 되어갔다. 똬리 틀고 앉아 주변 사람을 날름날름 약 올렸다. 이 땅을 내 땅이라고 우기며 독을 품어댔다. 새끼까지 잡아먹고 어둔 골방에 숨어 혼자 잠들곤 했다. 흐린 날이면 먹잇감을 찾아 시장바닥을 어슬렁거렸다. 사람으로 둔갑한 나를 아직 아무도 눈치채지 못했다.

―「뱀딸기 전설」(2006)

◆

 그동안 친척이나 지인이 슬퍼하는 내게 던지는 말 중 가장 듣기 싫은 말은 '그만 잊어.', '더한 사람도 있어.', '오래전 일이잖아.' 등이었다. 심지어 어떤 이는 '그건 말이야.' 하며 논리적 잣대를 들이대거나 충고를 서슴지 않았다. 역지사지(易地思之)를 모르는 건지, 위로한답시고 그들이 던지는 맥락 없는 말에 수없이 상처를 받아 대인기피증까지 생겼었다. 부모를 잃으면 천붕지괴(天崩地壞)라 했고 참척(慘慽)의 아픔은 천붕지괴보다 더하다 했다. 본래 인간은 이기적이지만 그래도 생각하고 궁리하고 판단하고 이해하는 능력이 있지 않은가. 시도 때도 없이 우울감에 시달리던 나를 위해 심리상담사 공부를 했다. 쉽지만 모두가 하지 않거나 하기

어려운 약 같은 위로의 말 한마디는 진심으로 건네는 'ㅇㅇ구나.'였다. 아프구나, 힘들구나, 슬프구나 등등 귀담아 들어주고 인정하면 되는 거였다. 박노해 시인은 '사람만이 희망'이라고 했다. 그들이 내게 반대말을 던졌다는 걸 알아버린 날 '사람만이 절망'이라고 노트에 메모했다.

최근의 일이다. 오랜만에 만난 고향 친구 S가 간신히 가리고 사는 나의 아픔을 슬쩍 들춰보는 듯한 말을 했다. 안부를 묻고 싶었겠지만 나를 나락으로 몰아붙이고 말았다. 20년이 더 지난 지금도 여전히 울며불며 지낼 거라 짐작한 모양, "씩씩하게 잘 지내고 있어서 다행"이라고 했다. 도려내고 싶은 상처가 S와 나 사이를 비집고 올라와 화가 부글부글 치밀었다. 쇼펜하우어는 "우리를 기쁘게 하는 일 중 하나는 친구가 겪고 있는 불행과 슬픔에 관한 이야기를 듣는 일"이라고 우정의 뒷면을 말했다. 돌아오는 길에 그 친구의 전화번호를 지우며 절망했다. 다시는 만나고 싶지 않았다.

기억상실증에 걸리지 않는 한 아물지 않을 상처, 그 상처를 붙안고 여전히 사람 시늉을 하며 살고 있다. 지금은 나의 슬픔을 인정받으려 누구에게도 말하지 않는다. 나만 잊히지 않는 나의 어두운 그림자라는 걸 안다. 잘 알면서 시에 화를 풀어내기도 한다.

뱀딸기도 처음엔 달콤했대 이쁘기까지 한 그것이 잘난 체를 넘치게 해서 神이 단맛만 빼앗고 뱀 곁에 뱀처럼 기어 다니게 만들어놓았다는 거야 뱀이 침 발라 놓았다는 그걸 할머니 몰래 따먹었다고 했잖아 맛을 잃은 뱀딸기가 복수한 거야 저를 탐한 어린 내게 덤터기를 씌운 거지 그렇지 않고서야 어떻게 사람 시늉을 이토록 오래 할 수 있겠어 이십 년 전에도 말했지 사람으로 둔갑한 나를 아무도 눈치 못 챘다고

모퉁이 들어서야 빛나는 이 비늘, 밤이면
세상을 날면든면, 훨훨 춤추는 긴 목
아직도 모르겠어?

내 눈, 똑바로 보라니까

—「蛇足之夢」(2018)

2019년 가을이었다. 고요한 시골 한 창작집필실에서 1인 1실 숙식 제공을 받아가며 문인 일곱 명과 함께 창작에 열중하고 있었다. 비탈진 산 끄트머리 축대 아래 커다란 빈 화분이 두 개 놓여있고 그 앞에 내 숙소가 있었다. 시월이 되니 산에서 내려온 낙엽이 뒹굴고 키 큰 잡풀 몇 포기가 화분을 포위하고 있었다.

소슬바람 탓에 날갯짓이 어설퍼진 잠자리가 풀잎에 앉아 쉬는 한가한 오후였다. 방문 앞 화분 주변에 몰려있는 낙엽과 풀을 제

거하기로 했다. 화분 하나를 번쩍 들어 옮겨놓고 보니 그곳에 뱀이 똬리 틀고 있었다. 벌써 동면에 든 건지 꼼짝도 하지 않았다. 울긋불긋한 무늬가 없으니 독사이거나 구렁이 새끼 같았다. 깜짝 놀라 넋 놓고 보고 있는데 꼬리를 옴죽거리며 똬리를 풀려고 했다. 활짝 열어놓은 방으로 기어들거나 뒤란 쓰레기 모아놓은 곳으로 숨어버리면 어쩌나 심장이 콩콩 뛰었다. 진퇴양난 피차일반, 달리 방법이 없었다. 가까이 있는 큰 벽돌을 두 손으로 번쩍 들어 한 발짝 앞에 있는 뱀 위에 툭 놓았다. 이럴 수가, 똬리 튼 뱀 위에 벽돌이 날름 올라앉았다. 빛나는 햇살이 뱀을 누른 벽돌 위로 왈칵 쏟아져 내렸다. 폭발할 것 같은 햇살을 꾹 밟고 서서 누구든 와서 도와달라고 소리쳤다. 촌장이 부리나케 뛰어왔다. 순식간에 벌어진 일이었다. 곧 뒤란 가득 어둠이 몰려왔다. 빛과 뱀과 나는 어디로 간 것일까.

    언제부터 거기 있었던 거니
    숨을 멈추고 우린 서로를 노려보았다
    피할 수 없는 찰나가 천년이듯 흐르고 있었다

    나를 죽일 수 있는 일생일대 기회가 온 거다

    사람으로 변신한 내가 뱀으로 변신한 내게
    힘껏 벽돌을 집어 던졌다 명중했다

한 뼘쯤 비어져 나온 꼬리를 마구 흔들었다

수시로 나를 흔들어대던, 저
징그러운 슬픔
오른발에 온 힘을 실어 꾸욱 밟았다

good-bye! 나의 슬픔, 뱀이던 나여

나는 자유다

 살생을 거들던 그가 축 늘어진 나를 막대기에 걸쳐 들고 닭장 쪽으로 총총 사라졌다
—「살생의 기억」(2019)

◆

 그래서 나는 자유로워졌을까?
 2022년 소한이 지난 1월 8일, 십 년 살던 방 한 칸에서 탈출했다. 다행히 주식에 투자한 비자금이 많이 올라 일부를 매도해서 나만의 쉼터를 마련했다. 달밤이면 방안 깊숙이 달이 들어와 쉬었다 가는 보문산 중턱의 산방(山房) 같은 작은 아파트, 조용한 식탁에 앉아 창밖을 보면 맨 위층이라서 앞 동 옥상의 피뢰침과 하늘만 보인다. 온종일 구름이 머물다가는 유리창만 한 북쪽 하늘을

가끔 내 거라고 우기며 차를 마시거나 혼술을 한잔씩 한다. 피뢰침 꼭대기에선 아침마다 산비둘기가 깃털을 다듬고 까마귀와 까치가 자리다툼을 하는가 하면 딱새가 영롱한 소리로 한낮을 지저귀기도 한다.

길눈이 어두운 탓에 겨울이 다 지나도록 비슷비슷한 골목을 빙빙 돌기도 하며 새로운 동네를 익히느라 싸돌아다녔다. 경사진 좁은 길에 펑펑 눈이 내리니 사람들이 하나둘 나와 집 앞을 쓸기 시작했고, 길 끝 대문 앞에는 길고양이가 긴 꼬리로 시린 앞발을 포옥 감싸고 동그마니 앉아있었다. 참으로 오랜만에 본 정겨운 풍경이었다. 정문 앞 산성동성당의 커다란 예수상이 어둠을 환히 비추고 솔부엉이가 여름밤 내내 우짖는 낯선 곳이 일 년이 지나서야 익숙해졌다.

사람을 많이 만날수록 좋아하는 사람이 많을수록 불행을 자초할 기회가 많아진다는데 내게 주어진 불행이나 고통의 총량을 채운 것일까? 잊히지 않는 나쁜 기억이 수시로 출렁거리지만 사는 동안 요즘처럼 일상이 평온한 적이 있었나 싶다. 하여 누구를 만날 생각 없이 TV도 없이 혼자서 잘 논다. 아프지만 않으면 잘 사는 것, 5년 동안 손 놓은 토우에 다시 재미를 붙였다. 조물조물 손끝 가는 대로 하루 이틀 사흘 나흘, 맘에 안 들면 뭉개고 다시 빚으며 자유롭게 진흙과 나뿐인 적막을 알뜰히 소비하고 있다.

쥐로 살거나 개미로 살거나 뭐가 다르겠어

그럼에도 불구하고 나는 나를 의심하며

사람 아니면 어쩌나 가슴을 쓸어내린 적 있지

그런 때도 있었지
내 속에 들어앉은 나를 오래 모른척했어

내 눈을 봐, 뭐가 보이니
혹시 벽돌에 눌린 뱀?

그랬지, 한때
사람 아닌 적 있었지

내가 나를 꾸욱 밟아
죽인 적 있지

그래서 말인데, 솔직히 말해봐
나는 어디에 쓰는 도구니

나는 왜 나를 지울 수 없는 거니

―「그림자놀이」(2022)

볼테르는 자기 나이에 상응하는 정신을 갖고 있지 않은 자는 자기 나이에 상응하는 여러 재난을 당하게 된다고 했다. 의학적 노인인 이순(耳順)은 되었을 문우가 띄어쓰기도 없이 정겨움 넘치는 안부 문자메시지를 오랜만에 보내왔다. 울노인네잘계실까몰라. 아직 대놓고 내게 노인네라고 부른 이가 없었기 때문에 어이는 없었지만 맞는 말이다. 나도 모르는 사이 진짜 노인이 되었다. 이제 의연하게 지워질 준비를 해야 한다. 괴로움은 적극적인 마음에서 비롯되고 즐거움은 소극적인 마음에서 만들어진다는데, 건강만 유지된다면 요즘처럼 소극적으로 나머지를 소일하다 지워져도 괜찮겠다. 이제 뱀을, 아니 나였던 뱀을, 아니아니 뱀이었던 나를 잊기로 한다. 안녕.

길 너머 길

 언양의 문필봉 아래 정토마을, 염불을 들으며 죽비 소리에 맞춰 백팔배를 하고 있었다. 난생처음이라서 앞 사람을 보며 자세를 따라 했다. 육십여 명 중 이름 불릴 때까지였으니 108이라는 숫자는 아무 의미가 없었다. 오십 번 정도 했을 무렵부터 4~5분 간격으로 한 명씩 부르기 시작했다. 요가를 꾸준히 하고 있었지만 안 해 본 자세라선지 허벅지가 뻐근했다. 그래도 죽음을 연습하러 왔으니 어떤 술수도 생각하면 안 될 터였다.
 교육생 중 반 이상 불려 나갈 때까지 차례가 오지 않았다. 이른 저녁을 먹고 시작하여 한밤중이 되었으니 띄엄띄엄 빼먹으며 비틀비틀 절을 했더라도 백팔배를 두 세트는 했을 것이다. 대여섯 명 남았을 즈음 내 이름을 불렀다. 걸어가려 했으나 걸음이 걸어지질 않아 할 수 없이 엉금엉금 출구를 향해 기어갔다. 안에 입은 청바지 탓에 수의(壽衣)라고 입은 무명치마는 무릎에 칭칭 감기고 저고리 고름은 풀어져 엉망진창이 되었다. 간신히 일어나 치마저

고리를 고쳐 입고 문을 열자 칠흑의 어둠과 찬바람이 우르르 몰려왔다.

 문밖엔 철재 계단이 있고 저승사자로 분장한 도우미 둘이 흐린 불빛 아래에 서서 나를 올려다보고 있었다. 굴러떨어질 것 같아 난간을 붙잡고 한 계단 한 계단 내려갔으나 마지막 계단을 내려서다 땅바닥에 주저앉고 말았다. 깜짝 놀란 그들이 부축하며 할 수 있겠느냐고 물었다. 죽은 자를 데리러 온 저승사자가 할 수 있겠냐고 묻다니, 똑바로 서지도 못하면서 웃음이 푹 터졌다. 수의까지 입었는데 살려줄래요? 농담 한마디 던지고는 그들의 부축을 받고 일어섰다.

 그런데 이게 웬일, 허벅지에 쇳덩이를 달아놓은 듯 발바닥이 땅에 붙어 떨어지질 않았다. 이승을 떠나기 싫은 죽은 자가 저승사자 앞에서 엄살 피우는 것 같았다. 하는 수 없이 저승사자 손에 질질 끌려 임사체험장(臨死體驗場)이 있는 산밑까지 갔다. 그들이 할 수 있겠냐고 또 물었다. 안 하던 절 때문이라고, 할 수 없어도 할 거라고 변명하며 다짐했다. 치맛자락을 둘둘 말아 허리춤에 홀쳐매고 나는 약간 경사진 어둑어둑한 언덕배기를 네발짐승처럼 기어 올라갔다. 둔하던 다리가 조금씩 풀렸다. 꼿꼿이 서서 뒤를 돌아보니 그들이 나를 바라보고 서있었다. 손을 흔들어 인사하고 숲 사이로 보이는 불빛과 염불 소리를 향해 다리를 힘껏 세워 걸어 올라가기 시작했다.

그곳엔 몇몇 도우미와 염불하는 스님이 교육생들을 기다리고 있었다. 도우미의 안내에 따라 몇 가지 설명을 듣고 관에 들어가 누웠다. 양어깨가 움직이지 못할 만큼 딱 맞았다. 염할 때 꽁꽁 묶고 또 묶어 혹시 깨어나더라도 돌아누울 수 없도록, 그리하여 이승에 미련 두지 말고 고요해지라고 여백 없이 관을 만든 모양이다. 엉뚱한 상상을 하는 사이 관뚜껑이 쿵 닫히고 못 박는 소리가 천둥치듯 들렸다. 그리고 암흑이었다. 폐소공포증이 꿈틀거려 눈을 감았다. 도우미가 관 가까이 대고, 하관(下棺) 후 문제가 생기면 본인의 이름을 큰 소리로 말하라고 했다. 그런 일은 절대 없을 터, 죽음이 그러하듯 호홀지간(毫忽之間)에 모든 일이 이루어졌다.

염불 소리가 들릴 듯 말 듯 삼라만상이 정지되었다. 한 백 년 전 묻힌 이처럼 무덤 속에서 숨을 죽이고 누워있었다. 만감이 교차했다. 시간을 가늠할 순 없지만 5분여 지난 후 땅 위로 올려졌다. 도우미가 관뚜껑을 벌컥 열었다. 육신은 땅속에 두고 구만리 저승길을 걸어 정토까지 가야 하는 숙제를 받았다. 그 길에 해찰하는 교육생을 만나더라도 묵언하라고 했다. 몸을 잃었으니 무슨 말을 하겠는가. 뜻밖의 상황극에 몰입하려고 나는 내게 최면을 걸었다.

목탁 소리 아득히 들리는 산속 오솔길엔 희미한 불빛이 길을 안내하고 있었다. 한참을 걷다 보니 전생을 비춰보라는 듯 전신거울이 있었다. 거울 앞에 섰다. 무명 치마저고리에 거지꼴을 한 저 존재는 무엇이란 말인가. 대자연 속 한 점인 나를 찬찬히 구경했다. 어느 지점에서는 흉측하게 분장한 이가 툭 튀어나와 길 아닌 길로 데려가려 하고, 괴성이나 노랫소리나 번쩍이는 불빛 등이 정신을 흐트러뜨리며 정토 가는 길을 훼방했다.

　훼방꾼들 사라진 둔덕 위 환한 불빛 아래에는 똑같이 생긴 업(業) 보따리가 쌓여있었다. 자신의 업을 고를 수 없듯 이것저것 고르면 절대 안 되고 단번에 집어 들고 가라고 보이지 않는 누군가 속삭이듯 말했다. 하나를 집어 들고 꼬불꼬불 적막한 저승길을 하염없이 걸었다. 이런 길을 홀로 갔겠구나. 사고로 잃은 내 딸 수진이가 생각났다. 심장을 도려내는 아픔을 느끼는 사이 목탁과 염불 어우러진 소리가 가까이 들리기 시작했다. 산자락 끄트머리쯤 환하게 불을 밝혀놓은 정자가 보였다. 정토였다. 파란만장한 일생이 끝난 것이었다. 어렵게 시작한 연극이 드디어 막을 내렸다.

　숙소로 가기 위해 산길을 벗어나 논둑에 들어서니 비스듬히 기운 상현달과 업 보따리를 든 긴 그림자가 자꾸 따라왔다. 걷다가 멈춰 달을 올려다보고 그림자를 돌아보기도 하며 살았나 죽었나 나는 나를 자꾸 의심했다. 산길 걷는 동안 정수리까지 고여있던 눈물이 발걸음 옮길 때마다 출렁출렁 넘쳤다. 십 분은 걸었을 논둑길이 십 리나 되는 듯했다.

　새벽이 가까워질 시간, 모닥불 활활 타오르는 숙소 마당에 도착했다. 비구니와 교육생과 도우미 몇몇이 불무더기에 고구마를 구워 먹으며 울 수도 웃을 수도 없는 교육과정 뒷이야기를 하고 있었다. 어떤 이의 업 보따리에는 깨끗한 상자에 초콜릿이 들어있었고, 벽돌이 두 개 들어있던 어떤 이는 무거워 화를 내기도 했단다. 누구는 관뚜껑을 닫자 비명을 질러 실패했고, 누구는 무덤에 들어가는 게 싫다고 울어서 못했고, 누구는 혼자 걷는 산길과 훼방꾼이 무서워 중간에 포기했고, 누구는 넘어져 발목을 다쳤고, 누구는 길을 잘못 들어 구렁에 빠졌다고 했다. 그 짧은 시간 동안 같은 조건에서 같은 길을 가며 어찌 그리 가지각색으로 고뇌스러운 현실 세계를 그림 그리듯 적나라하게 보여주는 건지 알다가도 모를 일이었다.

마당귀에는 교육생들이 입었던 무명 치마저고리와 업 보따리가 아무렇게나 쌓여있었다. 불교 호스피스교육 5박 6일 과정 마지막 밤이 달과 함께 고즈넉이 이울고 있었다. 나도 수의라고 입었던 무명 치마저고리를 벗어놓고 들고 온 업 보따리도 그곳에 내려놓았다. 업 보따리가 궁금해 슬쩍 풀어보니 붉은 벽돌이 하나 정갈스레 담겨 있었다.

에필로그

2007년 1월 초순, 열심이던 편집 일을 접고 전화기와 시계를 장롱 깊이 묻어두고 나를 유배시켜 놓았던 곳은 호스피스 교육장과 불치환자가 요양하고 있는 사찰이었다. 숙식을 함께한 육십여 명은 승려이거나 불교도였다. 일체 생명의 생성과 소멸을 생물학적 리듬으로 이해하며 자연의 일원으로 사는 나는 무종교인이다. 전생이나 내생이나 윤회나 신을 믿지 않는다. 철학자 루트비히 포이

어바흐는 『종교의 본질에 대하여』에 "인간의 무덤만이 신의 탄생 장소"라고 했다. 종교의 발생을 죽음에 대한 공포로 해명할 수 있다는 것이다. 공포와 상관없이 종교와도 상관없이 아주 평온하게 그때 그곳에서 처음 접한 장례지도사의 강의와 임사체험과 임상 실습과 유서쓰기 등 죽음을 상상하는 '생사(生死)의 장'에 심취해 있었다.

오래전 일이지만 지금도 눈 펑펑 오던 문필봉의 정취가 어젯밤 꾼 꿈처럼 아련히 떠오른다. 눈을 맞으며 도반이 남긴 깊은 발자국 따라 마당을 돌고 또 돌던 그 새벽 무아경에 빠졌었다. 나의 무의식에 저장된 그 선물은 지금도 내 감각이나 행동에 영향을 주고 있을 것이다. 모든 목숨은 언젠가 반드시 실제 임사에 이른다. 이제까지도 그러했듯 죽은 이를 사랑한 산 자의 상실감은 사라지지 않을 것이다. 누구도 알 수 없는 그 길이 내가 사랑했거나 나를 사랑한 모든 이에게 자연스럽게 인식되기를 소원한다.

나는 나를 모르고 1

36년 전

20대 초반이었다. 반듯한 직장도 기술도 없는 부농의 아들을 사랑했다. 그는 농사를 짓겠다고 했다. 이른 결혼을 하면서 사랑만 있으면 시골살이도 괜찮고 험한 이 속세간을 헤쳐나갈 수 있을 줄 알았다. 사랑이 세상의 반, 아니 전부일 거라 믿었다. 철이 없어 그때는 그랬다. 그런데 그는 농사일은 하지 않고 동네 주막집이나 들락거리며 놀기를 좋아했다. 헤어지려고도 했지만, 도시에서 다시 시작하면 그래도 무슨 일이든 잘하리라 생각했다. 평생 철이 들지 않는 사람도 있다면서 남편보다 자식을 더 챙기라는 할머니 충고를 귓등으로 들었다. 그를 믿었지만 실망이 실망을 낳고 또 낳았다. 할머니 말이 맞았다.

숙맥같이 20대 후반을 그렇게 흘려보내고 30대 중반 어쩔 수 없이 나는 생활전선에 뛰어들어야 했다. 고민하며 어렵게 배운 편집일이 다행히 적성에 맞아 열심이었지만 초등학교에 다니는 아이들을 꼼꼼히 보살펴줄 수 없는 어미가 되었다. 다행히 두 아이는 무럭무럭 잘 자랐고 생활은 차츰 안정되어 갔다. 수필집과 철학산문집을 열심히 읽으며 수필가 되는 꿈을 꾸기도 했다.

오늘도/날이 저물었습니다//사랑하는 그대와/이 저녁/이마가 닿을 만큼/작은 상에/마주 앉고 싶습니다/말이 없어도 알 수 있는/그대의 마음//사랑하는 그대와/이 밤/돌아누우면/찬 바닥에 살이 닿을 만큼/작은 요에/마주 눕고 싶습니다//내가 쉬는 숨/그대가 마시고/그대가 쉬는 숨/내가 마시며/그렇게 잠이 들고 싶습니다
―「이 저녁엔」(1988)

위 시는 내가 편집하고 제작한 나의 첫 시집 『강가에 서고 싶은 날』(1993년)에 실려있는 처녀작이다. 깊이 감춰두어 잊을 뻔한 시집을 열어 시 1편 타이핑하는 일에 한 달이 걸렸다. 컴퓨터 앞에 앉으면 들여다보기가 민망하여 덮어놓기를 여러 번, 무슨 변명이라도 하고 싶었으나 애초의 생각과는 달리 쥐구멍에라도 들어가고 싶었다. 「이 저녁엔」은 한 인쇄소에 근무하며 편집일을 시작했을 즈음 지은 것이다. 바쁜 시간을 피해 청타기(평판의 글자가 뽑혀 올라가 먹줄을 쳐서 종이에 글자가 찍히는 기계)로 또닥또닥 한 글자씩 찍었던 기억이 난다. 나름 잘 빚어졌다고 생각했는지 시집의 두 번째에 실려있다.

민망하다고 이미 세상에 펼쳐놓은 글자들이 지워지겠는가. 시작

은 누구나 그렇지 않은가. 지금도 모르지만 그때는 시를 더 모르고 열정만 쏟아부었다는 걸 인정해야지. 단세포적인 슬픔이나 우울감까지 즐기던 삼십 대, 그 시절로 잠깐 시간여행이나 했다고 치자. 다시 기억하고 싶지 않은 젊음, 이제 더 깊이 묻어두고 꺼내지 말아야지.

현재

봄바람이 불고 라일락이 피기 시작하면 나는 한발 한발 아픈 그 벼랑을 향해 치닫는다. 회한과 그리움을 켜켜이 싸안고 징글징글한 트라우마에 시달리며 도피처를 찾아 헤맨다. 헤맨다기보다 허우적거린다. 고통은 누구와도 나눌 수 없다는 것을 잘 안다. 잘 알기에 나를 후벼파며 시간을 보낸다. 그렇게 시간을 보내는 동안 지은 시는 다르다. 시만 다르겠는가. 세상을 바라보는 눈도 생각도 생활도 낯설게 달라진다. 아래는 가장 최근에 지은 시다. 시로 다 하지 못한 이야기를 담은 산문집을 준비하기 시작한 이후 시 짓기를 잊었다. 산문집이 나온 이후에 시를 또 지을 수 있을까? 심혈을 쏟아 시를 짓던 나를 다시 만날 수 있을까?

그 구렁은 바닥이 없어요 아무리 들여다봐도 보이지 않아요 계곡 끄트머리에서 울던 산개구리가 내 발걸음에 놀라 폴짝 뛰었어요 말릴 새도 없이 구렁으로 사라졌어요 솔부엉이가 굼틀굼틀 일어서고 숲속 나무들이 일몰을 사이에 두고 아우성칠 때였어요 깊은 그곳에는 누가 살까요 산개구리를 보려고 아등바등 목을 길게 뺐어요 솔부엉이 같기도 하고 개구리 같기도 하고 사람 같기도 한 흐느낌이 메아리 되어 돌아왔어요 세상 울음은 왜 모두 반음정인지 왜 따라 울게 하는 건지 알 수 없어요 어떤 손이 있어 산개구리를 사뿐 받았을까요 무사할까요 누구 사다리 없나요 망설일 시간 없어요 어두워지기 전에 내려가 봐야 해요 같이 울어야겠어요 난파당한 4월이 몰려오고 있어요

—「망설이는 바닥」(2023)

보문산 숲길에 들어서려면 시끄러운 도로변을 25분은 걸어가야 한다. 그 길에서 만나는 바닥이 보이지 않는 하수는 소용돌이치는 무저갱의 슬픔을 한없이 빨아들인다. 몇 생이 지나도 나올 수 없을 그곳, 그 길을 지날 때마다 기어이 바닥을 보려고 나는 펜스를 잡고 기웃거린다. 큰비 온 다음 날은 물 흐르는 소리가 폭포처럼 우렁차서 큰 소리로 울어도 아무도 듣지 못하리라.

비가 부슬부슬 내리던 어느 날, 호르르호르르 봄이 왔다고 목놓아 소리치던 산개구리가 깊은 하수로 뛰어내렸다. 내 발길을 피하려다 일어난 사고였다. 하여 그날 이후 며칠간 반대쪽 보도로 걸었다. 봄이 깊어지고 하수 흐르는 소리가 조용해져 그 길을 다시 걷기 시작했다. 혹시 개구리가 또 뛰어내리면 어쩌나 걱정하면서도 늘 하던 짓을 또 했다. 벚나무 옆 펜스를 짚고 내려다보아도 물소리만 아득히 들렸다. 상체를 더 깊이 숙여도 여전히 바닥은 보

이지 않고 아슬아슬 벼랑에 매달린 나만 있었다.

  지나가는 누구도 관심 없는 좁고 어두운 그곳을 왜 자꾸 들여다보는 걸까. 활짝 핀 라일락꽃 때문이라고 우겼다. 아니아니, 그곳으로 뛰어내린 개구리 때문이라고 우겼다. 뽑아버리고 싶은 기억은 아픈 나를 낳고 아픈 나는 독기를 낳고 독기는 자학적이거나 슬픈 시를 낳고 또 낳고……

나는 나를 모르고 2

 남편은 운 좋게 마흔 되기 전 경찰관이 되었고 내가 시작한 편집일은 자리를 잡아가던 시기였다. 경제적으로도 평범하게 살던 라일락꽃이 활짝 핀 1997년 4월 16일 오후, 대학 2학년이 된 딸을 사고로 잃었다. 우린 갑자기 들이닥친 상실감에 매몰되어 제정신이 아니었다. 서로 위로가 되기는커녕 나는 늪에 빠진 듯 꼼짝 못했고 그는 술을 자주 마시며 훼방꾼처럼 비틀거렸다. 이글거리는 슬픔을 그러안고 각자 견디느라 몸도 마음도 피폐해져 언어도 거칠어졌다. 그해 여름, 제 누이를 잃고 방황하던 고3 아들 진욱이까지 교통사고를 당했다. 겨를이 없던 나는 가슴을 치며 아들을 살리기 위해 정신을 차려야 했다. 불행은 쌍둥이라고 하지만 연거푸 어찌 이토록 가혹할 수가 있나. 온갖 생각 다 접고 운명론자가 되면 버틸 수 있으려나. 진부해서 입에 올리기조차 싫어하던 운명이나 숙명이라는 단어를 써보라는 건가. 고통받는 아들을 위해 죽을힘 다해 시시각각 맘을 고쳐먹으며 하루하루를 버텼다. 아들은 어렵게 나왔으나 후유증이 남았다.

 무심한 시간은 무슨 일이 일어났었느냐는 듯 훌쩍훌쩍 지나갔다. 남편과의 관계는 좋아지지 않았다. 오십 대 중반, 곧 노인이 될 텐데 싫은 소리 하지도 듣지도 않으며 노후를 고요히 보내고 싶었다. 솔직히 속세를 떠나고 싶었다. 긍정적으로 어려움을 극복하며 철이 든 서른 갓 넘은 아들은, 제 일 잘하면서 살 테니 걱정하지 말고 하고 싶은 대로 하라며 자꾸 우는 어미를 안심시켰다. 하여 실패할 용기를 어렵게 냈다. 그는 합의이혼 서류를 불쑥 들이밀었다. 이판사판으로 도장을 꾹 찍어주고 생뚱맞게 하얗게 늙어 만나자는 말을 남기고 집을 나왔다. 결혼한 지 삼십삼 년 만인 그가 정년 퇴임한 이듬해였다.

   커튼 사이로 칼날 같은 햇살이 들어온다
   세상과 통하는 길이 저랬다, 좁은 그 길을 여닫으며
   칼날 같은 말과 눈빛만 오래 주고받았다
   꼭꼭 커튼을 여미지만 여민 틈새로
   더욱더 예리한 빛이 스며든다
   칼이 들어와도 다시는 커튼을 열지 않을 거야
   살을 파고드는 빛은
   들숨과 날숨으로 천천히 삭이면 돼
   낮은 천장에 닿은 숨 절절 녹아내리는, 여기는
   아늑한 무덤

아들아, 어미의 실종을 말하지 마라
영원히 종적을 감추고 싶지만, 꼬리가 너무 길어
비어지려는 징그러운 이 긴 꼬리를
손에 둘둘 말아 쥐고, 잠시
칼날을 피해 숨어있을 뿐이니, 아들아
어미의 무덤을 누구에게도 말하지 마라

—「숨바꼭질」(2013)

    태어난 이래 혼자 사는 일이 처음이었으므로 적응은 쉽지 않았다. 고요해지기는 했으나 상처와 그리움은 더욱더 선명해지고 아침에 눈을 뜨면 뭘 해야 할지 몰라 공황 상태에 빠지는 이상한 어려움이 이어졌다. 한동안은 가까운 보문산 둘레길 걷는 일로 하루를 시작하다가 가까운 한밭도서관으로 출퇴근하듯 했다. 구내식당에서 아침 겸 점심을 사 먹고 진종일 틀어박혀 십여 년 만에 다시 책 속으로 깊이 숨었다. 문학 관련 책은 손이 가지 않고 주로 천문학이나 생물학 관련 책에 심취했다. 그 책들은 매일, 모든 존재는 무한 우주 속 한 점 먼지만도 못한 자연의 부분이니 세상만사 가볍게 생각하라고 나를 일깨워주었다. 가끔 영상실에서 고전 영화를 감상하다가 우연히 2016년 BBC가 선정한 21세기 위대한 영화 100편 목록을 만났다. 책 읽는 일을 뒷전에 두고 도서관에 비치된 BBC가 뽑은 영화만 찾아 대사를 메모해 가며 감상하기도 했다.

매일 안부를 묻고 한 달이면 두세 번 들르는 성실한 아들 덕에 불안하던 일상은 나름 질서가 잡히고 야위어가던 몸도 조금씩 나아졌다. 누구의 도움 없이 모아놓은 비자금으로 은둔하듯 지내며 야금야금 시간을 소비하다 보니 네 번째 시집 『미끼』와 다섯 번째 시집 『수혈놀이』가 탄생했다. 난감하던 시간이 이러구러 10년이 지나갔다. 그는 합의이혼 서류를 법원에 제출하지 않았다.

피눈물 흘리던 27년 전 그해 봄을 겪지 않은 내가 그립다. 그리운 마흔 살로 돌아가 딱 하루만 살고 싶다. 그런 기적이 허락된다면 건강한 아이들에게 따듯한 밥을 해주고 안아주고 머리를 쓰다듬으며 사랑한다고 말해야지. 자라는 모습 꼼꼼히 챙겨보지 못하고 보살펴주지 못하고 비 오는 날 학교에 우산도 못 가져다주고 이쁜 옷도 못 사주고 맛있는 반찬도 못 해준 거 미안하다고 사과해야지. 그리고 잠든 아이들 곁에서 오직 내 아이들을 위해 시 한 편 밤도와 지어야지. 첫 시를 짓던 그때처럼 마음을 다해 시를 완성한 후 시와 작별해야지. 내가 시인인 걸 싫어하던 그에게 나의 이기심을 사과하고 그와도 영원히 작별해야지. 그렇게 백 년 같은 하루가 다 가고 나면 본래 있던 자리로 돌아와 또 다른 나를 위해 딱 하루만 지낸 후 그해 봄과도 영원히 작별해야지.

덫

망설이다가

 하늘은 본디 유리창만 한 거라고 우기며 창밖만 치어다보며 몇 계절을 은둔한 적 있다. 사라지고 또 사라지는 구름, 구름은 다시 볼 수 없는 한 사람 얼굴만 자꾸 그렸다. 꿈에서도 내 편인 적 없던 하늘이 내 편이었다. 그때만큼은 나를 위해 매일 보고 싶은 그림을 그렸다. 나의 무얼 시험 중이었을까. 불행의 씨앗은 하나가 아니었다. 내 편이던 하늘이 변했다. 모든 불행은 애초 하늘이 내린 거라고 원망했다. 시(詩)에 내려앉은 그 씨앗이 몸 깊은 곳에 뿌리를 내린 그때부터 뾰쪽한 詩를 끊임없이 생산했다. 또 다른 내가 생산한 詩에 내가 찔리며 젊은 피를 몽땅 낭비했다. 불행감 없이 어떻게 매일매일의 해거름참을 버텨낼 수 있었겠는가. 비현실적인 이미지를 찾아 지금도 두리번거리고 있을 나를 이제 목덜미 잡아 주저앉히고 싶다. 누구도 시킨 적 없는데, 그만해도 되는데……. 오늘은 또 어디서 어둠을 견디며 기다리고 있을까. 늙은

봄밤이 깊어가고 있다.

흔들리다가

 새로울 것 없이 지루하게 반복된 지나온 길, 아픈 곳 없이도 늘 아팠다. 신경안정제를 빌어 잠든 밤은 얼마나 많았나. 왜 사는지 알지 못한 채 여기까지 흘러왔다. 살기 싫으면 나를 꽁꽁 싸매며 자학했다. 자학하며 벽을 보고 앉아있으면 오래전 요가 강의실에서 본 인체 해부 동영상 한 장면이 보이거나 낚싯바늘에 간신히 꿴 갯지렁이가 꿈틀거리기도 했다. 그뿐인가. 프리다칼로의 자화상 속 가시목걸이, 손바닥으로 압사시킨 바퀴벌레, 도로 위 피투성이이거나 납작하게 말라붙은 고양이 등 불편한 환영에 무시로 시달렸다. 머리맡에 내려앉은 먼지는 그렇게 사라져버린 젊은 나의 피이거나 몸을 통과한 시간일 것이다. 방귀신에 붙들린 듯 주저앉아 불편한 밑그림 위에 먼지 한 알씩 찍어 나는 나를 지우고 지우고 또 지우고.

바라보다가

 자작나무 눈을 들여다보면 말 걸고 싶어진다. 이 땅을 살다 간 눈동자가 자작나무가 되기도 하는 게 분명하다. 눈꼬리 처진 저 깊고 슬픈 눈, 무엇이 더 보고 싶었던 것일까. 무슨 생각 하는 걸까. 환생한 그는 살아 파닥이는 이들과 눈을 맞추며 길고 긴 현생을 한자리에 서서 또 견딜 것이다. 산길 오가는 숨결이 어디 사람

산책길에 만난 자작나무. 2021. 겨울.

뿐이겠는가. 새도 있고 멧돼지도 있고 이름 모를 뭇 생명이 쉼 없이 지나갈 것이다. 전생은 까맣게 잊고 그들과 눈 맞추며 그는 나날이 환해질 것이다. 누군가 바라봐 주는 것만으로도 생명은 빛이 난다. 자작나무가 나를 바라본다. 감춰져 있던 바람이 눈을 뜨며 덤으로 살아가던 나도 잠시 흔들린다. 왜 사는지 글은 왜 쓰는지 왜 자꾸 한숨이 나오는 건지 처음부터 찬찬히 헤아려봐야겠다.

흘러가다
사르르 졸릴 때의 달콤함 맛본 지가 언제였더라. 잠 안 자고 살

수는 없을까. 하룻밤만 잘 자면 남루한 이 껍질 벗을 수 있을 텐데. 며칠만 깊이 자면 날아오를 수 있을 텐데. 나는 나비가 될 수 없다. 새가 될 수 없다. 머리맡 눈높이 벽에 콩알만 한 점 하나를 찍어놓고 무시로 빠져나가는 연습을 한다. 죽기 전에 저 구멍을 빠져나갈 수 있을까. 때로 그 구멍은 벽을 밀치고 툭 튀어나와 둥둥 떠다니기도 하고 내가 빠져나가려는 구멍이 나를 빠져나가기도 한다. 읽다가 엎어놓은 책이 사그락사그락 소리를 낸다. 책갈피에 사는 이는 누굴까. 책꽂이 빈자리에도 먼지가 동그랗게 뭉쳐 있다. 집으려 하면 꼼틀거린다. 저것들은 흔적 없이 지워진 꿈이거나 기억일 거야. 애초에 어둠이던 꿈, 돌아가고 싶지 않은 젊은 날, 가지각색 꽃이 피었다 진 어제, 흐르다가 멈춘 오늘, 꽃필까 봐 두려운 내일. 이미 내 것 아닌 저 불행들을 콕콕 집어 깊은 밤하늘로 돌려보내야지. 그리고 없는 듯 가볍게 흘러가야지.

못다 한 이야기

하나

2022년 5월, 원주 토지문화관 창작실에 입주해 있을 때였다. 멀지 않은 제천 원서문학관에 들러 오탁번 선생을 잠시 만났다. 이야기 중 위스키를 한잔 따라주며 "나는 딱 팔십까지만 살 거야." 했다. 2023년 입춘이 지난 2월 중순, 선생의 별세 소식을 들었다. 팔십 세 되는 해라는 걸 알고 나는 가슴이 내려앉았다. 사인(死因)이 암이었다는 건 며칠 후 알았다. 묻지도 않았는데 '팔십까지만'이라니, 농담인 줄 알았는데 건강에 이상을 느끼고 남은 날을 직감했던 건 아닐까. 혹시 작별의 말이라도 하려 했는데 내가 정색하며 백 세 시대에 무슨 말씀을, 하며 말머리를 돌려서 그냥 넘어간 건 아닐까. 그날, 집밥이 그립지 않냐면서 선생이 손수 차려준 조촐한 이른 저녁 밥상을 염치도 없이 받았다. 그리고 향수를 뿌린 동네 후배를 불러 나를 토지문화관까지 어두워지기 전에 태워다 주라고 시켰다. 낚시 가기로 약속했는데……, 지키지 못하고 말았다.

둘

 2018년 늦여름이었다. 탈고한 다섯 번째 시집 『수혈놀이』를 출판사에 넘기고 시집의 뒤표지 글을 오탁번 선생에게 부탁했다. 몇 편만 골라서 보내라고 했지만 3부는 읽지 말라는 메모와 함께 시집 파일을 통째로 보냈다. 솔직히 퇴고하느라 진절머리가 나서 들여다보기가 싫었다. 얼마 후 받아본 선생의 긴 글이 칭찬 일색이었다. 출판사에서는 좋다고 했지만 나는 민망하여 몸 둘 바를 몰랐다. 고민하고 또 고민하다가 선생에게 전화해서 이렇게 칭찬이 넘치면 어떡하느냐고 투덜거렸다. 돌아온 대답은 "이런, 칭찬하면 좋은 거지. 황희순은 역시 바보야 바보."였다. 할 말이 없었다. 일년쯤 지난 어느 날 전화가 왔다. "시집 표지 글 좋더라. 누가 썼는지 아주 잘 썼어." 나는 내 시가 좋다는 말로 들렸다. 잘못 들었다 해도 상관없다. 다음은 선생이 자찬한 선생의 글이다.

 황희순의 시집 『수혈놀이』는 그냥 시집이 아니다. 피의 잉크로 쓴 섬뜩하면서도 찬란한 영혼의 기록이다. 아무나 印畫할 수 없는 절묘한 네거필름이다. 그냥 시집이 아니라는 말은, 흔히 보아온 시집들과는 생판 다르게 시적 상상력의 높이와 시인정신이 아무나 쉽게 오를 수 없는 높은 高度에 자리 잡고 있다는 뜻이다. 죽은 비유로 개칠한 이른바 正統을 내세운 사이비 서정시들과는 판이하게 다르다. 미래적인 전망과 시야를 알맞게 유지하면서, 고질적인 인간관계의 속박이나 가치를 훌훌 털어버리는 逸脫의 시적 긴장을 잘 유지하고 있다. 그러나 實驗이다 解體다 하며 손끝 짬짜미로 짜맞추는 요즘의 흔한 시집들과는 달리 시적 구도의 높낮이와 진폭이 아주 견고하게 다듬어져 있다. 여성의 좌절과 방황을 섬세하게 묘사하는 미시적 관찰은 시인이 다다를 수 있는 젤로 높은 수준에 육박하고 있다. 이만치 시의 威儀를 절실하게 지켜내는 시인이 대전에 살고 있었나 할 정도로, 나는 이 시집을 읽고 깜짝 놀랐다. 이토록 生과 死의 굴곡진 비애를 섬세한 눈금으로 재생시키는 시인이 한국에 살고 있었나 할 정도로, 시집을 읽는 내내 독서의 緊張美를 마냥 맛볼 수 있었다. 임강빈 시인을 '선생님'으로 20여 년 모신 황희순 시인은 언뜻 보면 다소곳한 長幼有序의 여인이지만 詩 앞에서만은 문득 悲壯하게도 破格이다. 시인의 영혼을 부위 별로 세일하는 原初的 이미지, 그리고 마지막 남은 세포가 무한 복제를 거듭하면서 새 생명을 얻는 생명의 고리는 신비롭다. 인간은 초파리의 쉼표만 한 피 한 점처럼 소소하다는 이 無比의 상상력 앞에 어느 독자인들 무릎을 치지 않을쏘냐. 시를 한편 한편 읽어나갈수록, 작두날 위에서 춤을 추는 神의 리듬이 실비 내리는 소리처럼 나직하게 들려오고 대지에 씨를 뿌리는 大母의 손짓이 저녁놀인 양 보인다.(오탁번)

셋

2007년 겨울 ≪시와인식≫에 임강빈 선생에 대해 수필 형식으로 「첩첩산중에서 만난 길」이라는 제목의 긴 글을 쓴 적 있다. 오탁번 선생은 그 산문을 읽고 저서 『헛똑똑이의 시 읽기』(2008년) 중 「소반다듬이」에 부분을 인용했다.

   오래전 일이다. 나는 마음에 상처를 입고 정말 첩첩산중에서 헤매는 중이었다. 자정이 넘은 시간이었다. 잠잘 곳을 찾다 보니 선생님 댁 대문 앞에 내가 서 있는 것이었다. 지금은 이사하시어 남의 집이 되어버린 '대전 서구 도마동 126-2', 담을 너머 옆집 지붕까지 덮은 감나무에 주렁주렁 매달린 감이 가로등 불빛에 반짝거리고 있었다. 조금 망설이다 초인종을 눌렀다. 놀라신 선생님과 사모님은 서재에 이불을 펴주셨고, 한 세 시간쯤 자고 일어나 살그머니 나왔다. 나오는 길에 흐트러져 있는 현관 신발들을 정리하고 현관문이 열리지 않도록 벽돌로 눌러놓았다. 새벽 5시에 궁금하여 나오신 선생님, 텅 빈 방과 가지런한 현관 신발들을 보고 여명이 밝아오는 하늘을 올려다보며 한 시간은 속으로 울었다고 하셨다. 이 말씀을 2년쯤 후에 하셨다. 그날 그 시간 그 하늘에 한밤중 나를 따라오던 빛바랜 달이 떠 있지 않았을까. (황희순)

그리고 다음과 같이 썼다.
"나는 젊은 시인은 노 시인의 인격과 시적 성취를 흠모하고 노 시인은 젊은 시인의 방황과 고뇌를 보살펴주는 '시인과 시인'의 아름다운 관계를 알고 있다. 바로 대전에 사는 임강빈 선생과 황희순 시인이다. 그들은 '살아있는 시인의 사회'를 아무도 모르게 이룩해 놓고 있다. 서로의 허허로움을 달래주는 시인의 마음은 깊고 깊은 시심(詩心)과도 통한다./정말이지 나도 '한 시간은 속으로 울었다'. 이렇게 아름다운 사이의 시인들이 있다는 것을 알고 눈물을 흘리지 않으면 나는 내가 아니다./이들의 오묘한 관계 속에는 눈물만 있는 게 아니다. 이 글을 보면 웃음이 절로 나온다. 나는 이런 시인들이 무조건 좋다./왜 좋으냐고? 그건 내 맘이다."

아래는 선생이 웃음이 절로 나온다고 한 글이다.

꼭 12년 전 일이다. 한 출판사에서 편집일을 맡아 하고 있을 때였다. 임강빈 선생님께서 오셨다. 그때만 해도 선생님이 지금처럼 임의롭지 않았다. 팩스 번호를 적어주시며 잡지사에 시를 한 편 보내달라고 하셨다. 팩스를 보내고 종이를 드렸다. 선생님께서는 놀란 표정으로 보내랬더니 왜 도로 주느냐고 하셨다. 선생님보다 내가 더 놀랐다. 그 당시 교장이셨으므로 팩스가 어떻게 오가는지 아실 텐데, 그럼 종이가 기계 속으로 들어가 그곳에 전달되리라 생각하셨단 말인가. 하긴 나도 문명의 귀신들을 다 이해하지 못하고 사는 터라 그냥 웃음보가 터졌을 뿐, 달리 설명해드리지 못했다.(황희순)

2007년 6월, 오탁번 선생이 운영하던 출판사 '황금알'에서 임강빈 선생의 시집 『집 한 채』를 펴냈다. 책 출간을 기다리는 중에 뜬금없이 내게 시집 뒤표지 글을 쓰라고 했다. 못 쓴다고 해도 임강빈 선생에 대한 아무 얘기나 쓰라고 강제했다. 나는 숨은 객기가 살살 발동했다. 그동안 봐오던 시집의 뒤표지 글과 형식이 전혀 다른 에피소드 한 토막을 위와 같이 써서 보냈다. 가타부타 말도 없이 며칠 후 초고속으로 책이 출간되었다. 조영서·서정춘 선생의 글과 나란히 실린 책을 본 순간 숨고 싶었다. 그런데 이게 웬일, 서정춘 선생이 제일 먼저, 틀에 박힌 글이 아니라 좋다고 유쾌하게 전화했다. 오탁번 선생에게는 '쓰라'는 말 외엔 들은 적이 없다. 「소반다듬이」를 읽으며 선생이 웃었다는 걸 알았다.

넷

≪현대시학≫에 재등단한 지 일 년이 다 되어 가던 2000년 늦가을, 오탁번 선생이 편집인이며 주간이던 ≪시안≫에서 시 청탁이 왔다. 현대시학에선 책은커녕 행사한다는 연락조차 없었다. 아이를 잃은 상실감에서 벗어나 시를 다시 써보겠다는 독한 다짐이 아슬아슬 흔들리던 시점이라서

2001년 필자.

더욱 반가웠다. 그해 겨울호에 졸작 두 편을 처음으로 발표한 이후 '시안시회'에 입회하고 낯선 서울이지만 시안시회 행사에도 참여해 시 낭독을 했다. 지면으로 만나던 많은 시인이 모인 그곳에서 무소식이던 현대시학회 총무를 만났다. 그는, 우리 행사에는 안 오고 어떻게 여긴 오느냐며 불만을 토로했다. 등단 행사 이후 연락받은 적이 없다고 했더니 주소 누락인 거 같다며 적어갔다. 그날 이후 서울에서의 활동이 본격적으로 시작되었다. 현대시학회 간사와 모 잡지사 편집장을 맡아 열심히 만 6년을 일하며 자신감을 조금 회복한 후 자의(自意)로 서울 가는 길을 끊었다. 지금의 나를 만드는 일에 가교역할을 한 ≪시안≫의 원고청탁서, 그때의 고마움 아직도 잊지 않고 있다.

내가 무슨 이야길 하고 싶어 하는지 눈치 빠른 선생은 저승에서 이미 알아차렸을 것이다. 다시는 어두운 길 헤매지 말라고, 가장 빛나는 별을 하나 따서 '옜다 받아라' 하며 던져줄지도 모른다. 오늘 밤은 하늘을 꼭 지켜야겠다. 탁뼈니 선생의 통 큰 유머가 그리운 한여름 달밤이다.

신발이라는 그릇

 가을이 무르익어가는 1994년 10월 중순이었다. 어머니로부터 할머니가 돌아가실 거 같다는 전화를 받았다. 마지막으로 눈이라도 맞추고 무슨 말이라도 하고 싶어 바삐 갔다. 어머니가 대문 앞에 멍하니 서있었다. 방으로 급히 들어가 보았더니 할머니 얼굴은 이미 이불에 덮이고 야윈 맨발이 밖으로 불쑥 나와 있었다. 머리맡은 말끔히 정리되고 늘 신던 할머니 버선만 발치에 가지런히 놓여있었다. 이불을 쳐들어 얼굴을 보았다. 다시는 못 볼 나의 할머니, 눈물이 앞을 가렸다. 할머니의 맨발에 신기려고 버선을 집어 들었다. 싸늘하고 축축한 앙상한 발, 버선이 잘 신겨지지 않았다. 영면했으니 서둘 일이 뭐 있겠는가. 발을 꼭 잡고 천천히 살살 마지막이 될 버선을 신기고 다른 이불을 가져다 발까지 잘 덮었다. 그리고 영원한 작별 인사를 했다.
 아버지가 집에서 장례를 치른다고 했다. 넓은 마당이 있는 고향에서였다면 덜 복잡했을 텐데 어떻게 해야 할지 모르겠다며 어머니는 한숨을 쉬고 있었다. 다음날 오후, 그럭저럭 차일이 쳐지고 친척들이 오고 남동생 둘은 문상객을 받기 시작했다. 어머니의 애끓는 곡소리가 담을 넘어갔다. 20여 년 전 할아버지 장례 때에도 동네 사람들을 눈물짓게 하던 바로 그 곡소리였다. 아버지 역성만 들던 할머니를 늘 원망하며 살았으니 그 반영이었을 것이다. 서성이던 이들이 차일 아래로 하나둘 들어와 막걸리를 마시며 을씨년스런 초상집 분위기를 자아냈다. 대문 밖에는 쥐코밥상에 사잣밥이 올려져 있고 할머니가 신고 다니던 흰 고무신이 상 밑에 가지런히 놓였다. 오래 자리보전한 터라 실금이 가도록 낡을 대로 낡은 할머니의 고무신에 내 발을 담아보았다. 맨발로 땅바닥을 밟는 듯했다.

어린 시절 이야기다. 이 동네 저 동네를 떠돌며 사는 노파가 한 명 있었다. 그 노파는 일철이면 일손이 필요한 집에서 며칠씩 숙식을 해결하며 소소한 일을 돕다 가곤 했다. 우리 집은 일거리가 많아 그가 사랑방에 며칠씩 머물다 가기도 했다. 사랑 아랫방은 할아버지 방이고 사랑 윗방은 머슴방이었는데 젊은 머슴과 노파가 함께 잤다. 그런데 어느 날 아침에 노파가 할아버지 방에서 불쑥 나오는 게 아닌가. 꼬맹이가 무얼 알겠냐만 할머니가 할아버지 방에서 자는 걸 본 적 없었기에 할머니 눈치를 보았다. 노파가 떠나던 날 할머니가 할아버지에게 뜻 모를 무슨 말인가를 지청구하듯 했다. 일에 관한 이야기 외엔 못 들었기 때문에 이번엔 할아버지 눈치를 살폈다. 늙은이가 뭘 어쨌다고 그러냐며 장난스레 할아버지는 웃고 말았다. 할머니도 여자였던 것이다. 이후로도 몇 차례 그 노파가 오갔지만 무슨 일이 일어났는지 알 수 없었다.

할머니는 외동아들인 아버지 역성드는 힘으로 평생을 살았다. 아버지가 첩을 얻었을 때도 어깨너머로 그 여자를 두둔하는 바람에 말년까지 어머니의 섬김을 받지 못했다. 그런 할머니는 어린 내게 거미줄 같은 일가친척 촌수 알려주는 걸 즐겼고, 명절 때 어디선가 술을 마시고 취해 덩실덩실 춤을 추며 집에 들어오는 걸 본 기억이 있다.

할머니가 세상 떠난 지 10년은 지났을 1995년이었다. 버스를 타려고 정류장에 도착했는데 먼저 와서 기다리고 있는 살진 젊은 여인이 있었다. 자신의 덩치에 비해 낮고 작은 전통 꽃신을 신고 있었는데 뽀얀 발등 살이 소복하니 신발 너머로 흘러넘칠 듯했다. 나는 신발이라는 작은 배를 타고 세상을 표류하는 그녀를 상상하며 삶이 그러할 듯 보였다. 임종한 할머니의 앙상하고 축축하던 발과 낡은 신발에 담아보았던 발바닥의 느낌이 스쳐 지나갔다. 그날부터 한동안 우울하고 답답한 자화상을 그렸다가 지우기를 반복하며 시수(詩瘦)를 앓았다. 뮤즈가 한시도 내 곁을 떠나지 않았다. 그렇게 한 계절을 보내고 저승 가는 길에 신고 갔을 낡디낡은 할머니의 코고무신을 기억하는 나의 시정(詩情)이 시 「버려진 신발을 보면 뒤집어보고 싶다」를 불쑥 꺼내놓았다.

긴 겨울밤, 할머니는 호롱불 아래 옹송그리고 앉아 뒤꿈치 굳은살을 일삼아 도려냈다 기척 없는 문밖을 이따금 내다보며 평생 등 돌리고 살다 간 할아버지를 도려냈다 아무리 도려내도 작은 신발에 담긴 할머니 발은 넘치고 또 넘쳤다 겨울이 가고 또 가고 바닥이 다 닳은 흰 고무신 한 켤레를 남겼다 그날 담장 밑 사잣밥과 나란히 놓인 할머니의 찢어진 그릇에 얇은 내 生을 담아본 적 있다 바닥이 만져지는 삶을 신어본 적 있다

버려진 신발을 보면 뒤집어보고 싶다
그 그릇에 담겼던 발이 궁금해진다

그 겨울밤, 상징이라는 아슬아슬한 싹을 처음으로 보여주며 술잔을 건네던 뮤즈를 나는 기억하고 있다. 함께 늙어가는 그 뮤즈는 지금도 여전히 나의 감각을 무시로 자극한다.

제2부

새싹이 봄에만 돋는 건 아니므로
―문학 자전(自傳)

프롤로그

그 아이 별명은 울보였다. 친구들이 놀려도 울고 샘이 나도 울고 화가 나도 울고, 한 번 울었다 하면 오래 서럽게 울었다. 어느 날, 소리 내어 우는 자신이 부끄러워 사람 없는 곳으로 가서 몰래 울음을 마무리했다. 그리고 손등으로 눈물을 꾹꾹 찍어가며 소리 없이 울었다. 예닐곱 살 적엔 사춘기이던 언니가 자주 부르던 노래 「애수의 소야곡」을 뜻도 모르고 구성지게 따라 불러 외가에 가면 이모들이 반색했다. 공부도 제법 잘하던 아이는 열세 살 적 부모님 품을 떠나 대전으로 유학했다.

행복은 찰나 스쳐 가는 감정이라는데 유년기 이후 행복한 시절이 있었던가? 시골에선 잘사는 편이었지만 부모님은 자주 다퉜고 여덟 살 터울인 언니의 노래는 늘 슬펐다. 스무 살 때는 수면제를 모아 한 옴큼 먹고 40여 시간을 죽은 듯 자고 일어난 기억이 생생하다. 눈물과 시는 무슨 연관이 있는 것일까. 책 읽기와 끄적거리기를 좋아하던 그 울보는, 삼십 중반 즈음 한 시인을 알게 되면서 시를 짓는 사람으로 거듭나게 되었다. 시 창작법을 배운 적 없으니 동물적이거나 식물적 감각으로 절차탁마하며 시를 읽고 썼다는 표현이 적당하겠다.

1. 1993. & 2. 1996.

한 인쇄소에서 나는 3년여 청타기로 편집을 하다가 1990년 들어서며 컴퓨터로 편집을 배워 출판 일을 시작했다. 그 무렵부터 대전 시인들을 만나 교류하기 시작했고, 1993년 첫 시집 『강가에 서고픈 날』과 용감하게도 첫 시집과 비슷한 시들을 모아 1996년 두 번째 시집 『나를 가둔 그리움』을 내 손으로 펴냈다.

> 이 몸은 피리
> 당신이 불어야만 소리가 나는
>
> 이 몸은 청맹과니
> 당신밖에 볼 수 없는
>
> 이 몸은 해바라기
> 당신 따라 맴을 도는
>
> 그리고 이 몸은

당신만 싣고 닻을 올린

조그만 조각배

—「연가」

  첫 시집과 두 번째 시집의 시는 대부분 위와 같이 말초적인 사랑이거나 슬픔이거나 풍경이거나 대청댐에 수몰된 내 고향 이야기였다. 지금 읽어보면 그게 나였던가 싶지만, 그때 그곳 출판사에 분명 시를 짓는 삼십 대의 깐깐한 황희순이 편집을 하고 교정을 보며 책을 만들고 있었다.

3. 2006. 『새가 날아간 자리』

  예측할 수 없는 삶, 두 번째 시집을 낸 이듬해에 상상해본 적조차 없는 우환을 겪는다. 나는 그 일로 어찌할 바를 모르고 있었다. 잘하던 책 만드는 일도 접고, 먹지도 쓰지도 울지도 못하고 속수무책 주저앉아 있었다. 눈물을 흘리거나 절망을 말할 수 있을 땐 희망이 한 점이라도 남아있는 상태임을 알았다. 꼼짝 못 하던 그때 임강빈 선생이 내게 책이 가득한 서재를 활짝 열어놓고 책이라도 읽으라고 했다. 나는 선생 서재의 책을 일주일이 멀다 하고 한 보따리씩 가져오고 도서관과 서점을 전전하며 온전히 책 읽기에 몰입했다.

  책 속으로 나를 밀어 넣었다

은유의 골짜기를 헤매다
행과 행 사이에서 미끄러졌다
말을 잘못 밟은 모양이다
책장을 넘기다 손을 또 베었다
제기랄! 책 속에 칼이 이렇게 많다니
책을 덮으려는 순간
자음과 모음, 길 아닌 길,
길 같은 길들이 벌떡 일어서서
와글와글 손을 내밀었다
여기야, 여기

나는 길을 찾고 있는 중이다
—「책 속에 길이 있다기에 1」

  2년쯤 지나자 나도 모르는 사이 시를 어떻게 쓸 것인가 고민하는 시간이 많아졌다. 자존감을 회복하고 시적으로도 변신하고 싶었다. 하여 1999년 7월 ≪현대시학≫에 응모, 그해 10월에 등단하며 다시 시작했다. 아는 시인 한 명 없고 길눈 어둡고 방향 감각마저 없음에도 불구하고 서울로 돌진했다. 낯선 풍경과 지면에서만 보았던 시인들이 되레 편했다. 편집과 출판일을 한 경험으로 ≪현대시학≫ 교정 보는 일과 간사를 맡아 「현대시학회」 앤솔로지 펴내는 일을 4년여 열심히 도왔다. 겹치기로 2002년부터 만 5년 동안 계간지 ≪리토피아≫ 편집장을 맡아 내 일처럼 최선을 다했다. 자신감을 조금 회복한 2006년 11월, 세 번째 시집 『새가 날아간 자리』를 펴내고 연말에 편집 관련 모든 일에 손을 떼었다.

그래서 나는 환골탈태했을까? 시집의 해설을 쓴 임영봉(중앙대 교수) 평론가는 「상처의 현상학」이라는 제목으로 "상처 위에 쌓아 올린 집"이라며 다음과 같이 서두를 열었다.

> 황 시인의(…생략…) 서정적 세계에 친숙한 독자라면 『새가 날아간 자리』에서 목격되는 이런 변화의 양상은 당황스러운 성질의 것일 수밖에 없다.
> 『새가 날아간 자리』는 무심한 마음의 상태에서 편안하게 읽을 수 없다. 아니, 그 언어들은 처음부터 편안하게 읽혀지기를 스스로 거부하고 있다고 말할 때 진실에 더 가까워진다. 편안하게 읽혀지기를 거부하는 이 시집 속의 언어들은 독자의 마음을 '불편하게' 만든다.

독자를 '불편하게' 만드는 나는 불편해서 시를 더 치열하게 썼다. 불편감이나 불행감이 나를 시 쓰게 만들었다고 해도 과언 아니다.

> 더 이상 아무것도 듣지도 보지도 말하지도 말라
> 귀 막고 입 막고 구멍이란 구멍은 다 막고
> 웃통 벗고 이를 앙다물며 묶고 또 묶고

혹시 깨어나더라도 다시는 이 세상에

발 디디지 말라, 손도 내밀지 말라

손 묶고 발 묶고, 묶고 또 묶고

땅속 깊이 묻고도 불안하여

꼭꼭 다져 밟고 또 밟고

울며불며 뗏장 덮고

소금도 뿌리고

뒤돌아보고

또 보고

보고

또

  고통이 그림자처럼 따라다니는 징글징글한 이승, 처음부터 다시 살아보고 싶지 않느냐 묻는 이가 있다면 나는 그를 죽일지도 모른다. 지금도 살고 싶은 마음이 어떤 건지 모르고 그냥 산다. 위 시는 「산 자가 죽은 자에게」이다. 나의 무의식이 만든 걸까? 무엇이든 내리찍을 듯 뾰족한 형태시가 되었다. 이 시집에는 자학의 흔적이 즐비하다. 겉만 멀쩡한 내 속을 들여다보기 위해 칼이 필요했고, 벌레 먹은 나의 껍질을 깨끗이 깎아 식탁 위에 올려놓고 무덤 속 아버지를 불러 같이 먹자고 했다.

  과일가게 좌판, 봄볕 곁에 누운 지난가을 한자락, 계절을 잃은 눈

빛도 저렇게 아름다울 수 있구나

    사과를 고르는 손끝에 묻어나는 가을 한입 베어 먹고 싶어 반으로 잘랐다 속이 푹 썩어 있었다 자른 것을 얼른 도로 붙여 쓰레기통 깊숙이 쑤셔넣었다

    (그런데가슴이왜이렇게벌렁거리지?심장에못박고간자식?때문에목구멍을무시로치받는병같은눈물?때문에이따끔취하는낮술?때문에도진울렁증?때문에폐차장근처만가면그곳으로몸밀어넣고싶은나?때문에빨리늙어버린엄니?때문에―끄억!흡!썩은내?도망가자!겉만멀쩡한사과?가쫓아온다!업,業,업,業)

어디서부터 잘못된 것일까

사과를 자르듯 나도 한번……

이봐요, 칼 좀 다시 줘볼래요?

                        ―「칼 좀 줘볼래요?」

이렇게 살아있다니, 나는 사람이 아닐지도 모르지. 장자가 나비 꿈을 꾸고 자기가 혹시 나비가 아닐까 했듯, 할머니가 따먹지 말라는 뱀딸기를 따먹고 나는 서서히, 느물느물, 뱀이 되었다고 썼다. 나는 정말 뱀이 아닐까? 내 시가 무섭고 어렵다는 문우가 있었다. 망설임 없이 읽지 말라고 했다. 또 어떤 선배 소설가는 무장

하지 않고 황희순 시집을 펼치면 다친다고 했다. 사람들에게 말 좀 살살 하라는 충고 아닌 충고를 듣기도 했다. 무슨 일이냐고 물었더니, 어떤 이가 황희순이 건방지다고 해서 그런 사람 아니라고 변명해줬다는 거였다. 말 끝나자마자 변명해주지 말고 같이 욕하라고 했다.

나는 그들이 생각하듯 건방지고 독해졌다. 그렇지 않고 어떻게 이 벼랑을 견디겠는가. 아내가 시인인 걸 싫어하던 한 남편이 시집을 쓰레기통에 버렸다는 소문이 부메랑같이 뒤통수를 쳤다. 내가 쓰레기통에 처박힌 듯 아팠다. 신이 사람의 콧속에 숨을 불어넣고 있을 때 악마는 귓속에다 잡념의 말벌을 집어넣었단다. 벌집처럼 머릿속이 늘 시끄러웠다. 머리카락 때문이라고 핑계를 대며 바리캉을 사서 내 손으로 삭발했다. 속이 후련했다. 모처럼 친정에 갔다가 삭발한 딸을 보고 통곡하는 어머니를 위로하지 못했다. 불교에서는 머리카락을 무명초(無明草)라 하여 '세속적인 욕망의 상징'이라고 한다. 몇 달을 머리카락 없이 살았지만 달라진 건 아무것도 없었다. 정신신경과를 들락날락 공황장애 약을 먹어가며 하루하루를 견뎠다.

그렇게 불안정하던 2009년 초, 문우의 소개로 만난 책이 박상륭의 장편소설 『죽음의 한 연구』였다. 첫 페이지 첫 문장을 넘기지 못하고 빙글빙글 몇 바퀴를 돌다 책 속 유리에 깊이 빠져들었다. 내가 서있는 곳이 어쩐지 마른 늪이 있는 유리만 같았다. 숨쉬기 힘들었지만, 그곳에서 풍기는 산 것과 죽은 것의 냄새와 거침없는 묘사와 빠르고 긴 문장에서 헤어나올 수 없었다. 밑줄을 그어가며 재독 후 늘 손 닿는 곳에 놓여있는 박상륭은, 수시로 창작 욕구를 건드리며 내 삶과 문학에 많은 영향을 주었다.

4. 2013.『미끼』

세 번째 시집『새가 날아간 자리』(2006)를 펴낸 직후 엄경희 평론가가 내게 했던 '50세 여성의 프로필이 인상적이다. 어디에서 그런 표정이 나오는 건지, 시가 어떻게 변모할지 궁금하다. 다음 시집 해설은 내가 하겠다.'는 말을 5년이 지났음에도 잊지 않고 있었다. ≪리토피아≫ 편집장 일을 맡고 있던 그때 편집위원이던 그의 말이 내게 좌표가 되었을지도 모른다. 시를 쓰는 일이 목숨을 축내는 일이긴 해도 가끔은 짜릿한 게임이기도 하니 말이다. 2012년 봄부터 살풀이하듯 네 번째 시집『미끼』를 퇴고하며 몇 편의 시 속에 객기와 유희가 조금씩 녹아있음을 느꼈다. 가슴에 박혀 뿌리내린 못이 제멋대로 놀며 나도 모르는 사이 내가 꿈을 꾸고 있었던 모양이다.

소피보러 고추밭 고랑 깊숙이 숨어들어 갔어요. 워낙 급한 터라 염치불구 볼일을 보고 옷 추스르는데 어머, 마른 고춧대가 옆구리를 슬쩍 찌르는 겁니다. 돌아보니 탄저병 걸린 고추가 여기저기 애면글면 몸을 세우고 있었어요. 지그시 눌려있던 야성이 근질거리지 뭐예요. 아랫배에 고였던 피가 하르르 도는 찰나 고추밭 끄트머리 반백의 그가 한눈파는 나를 불렀어요. 고춧대를 분지르며 발길 돌리는데 비릿한 봄바람이 등을 툭 치며 다가오데요. 화악, 달떴지요 뭐.

—「몽유」

사라졌던 눈물이 다시 흔해지기 시작했다. 상처는 여전히 생생한데 성가신 그것은 왜 녹아 시도 때도 없이 비어져 나오는 것일까. 몸속 어디에 십수 년 그림자처럼 얼어붙어 있었던가. 2012년 9월 초 엄경희 평론가에게 시 58편을 탈고하여 보낸 후 4개월여 만에 '시인의 말'을 다음과 같이 썼다.

그가 나를 지웠다 나도 나를 지웠다 말끔히 지워지지 않는 발은 모른 체, 발의 상징부터 지웠다 흘린 발자국은 별이 되거나 새가 주워 먹거나

겨우 쉰여섯 자 완성하는 일에 100일이 더 걸리다니, 자괴감에 빠져 며칠을 헤맸다. 시집 제목은 『미끼』로 정했다. 엄경희 평론가는 해설을 쓰기 위해 시를 읽는 동안 '황희순 빙의가 되어 고통스럽다. 시 아니었으면 어쩔 뻔했느냐. 지금부터 시 그만 쓰고 책도 읽지 말라.'며 한밤중 전화를 하기도 했다. 눈물이 울컥 올라왔지만 시 그만 쓰라는 말에 웃고 말았다. 해도 해도 답이 보이지 않는 길, 이제 정말 그만둬야지 결심했다. 누구도 그 길로 떠밀지 않았으니 말이다.

처음 만난 사람이 새끼손가락을 떼어갔다 다음 사람이 귀를 떼어갔다 다음은 입을 떼어갔다 눈을 떼어갔다 코를 떼어갔다 다음은 팔을 다리를 떼어갔다 잔머리 굴린다며 머리를 떼어갔다 그 다음 사람이 달걀귀신처럼 둥그러진 여자를 버렸다 버려진 여자는 아무데나 굴러다니며 한자리에 머물지 못했다 굴러다니다 만난 또 한 사람이 아직도 몸이 따뜻하다며 가슴을 열고 심장을 떼어갔다 어디에 부려놓아도 깨질 일 없는 여자는 이제 누구도 손댈 수 없는 사람이 되었다

—「미끼」

가방이나 장롱이나 무덤에 슬픔을 감췄지만 다 허사였다. 나쁜 기억을 지우고 싶어 이 머리는 새로 돋은 거라고 우겼고(「고백하자면」), 발도 잘라 숨겼다(「길의 배경」). 몽땅 버려야 살 수 있을 거 같아 부위별로 다 팔아치우고(「부위별로 팔아요」) 나는 죽었나 살았나, 왜 아프지 않은가(「통점」) 의심했다. 그리고 이제 나만 먹어치우면 된다(「꽃밭에서」)고 호언(豪言)했다.

한 고객이 문자메시지로 가장 자신 있는 부위 팔라 했다. 또 한 고객이 전화로 손을 끼워 파는 부위 살 테니 얼마면 되느냐 물었다. 또 한 고객이 이메일로 맛보고 사도 되느냐 물었다. 한 고객을 또 만났다. 그는 카드로 결제하자, 당신은 내 거니까 이제 나만을 위해 웃어

라 했다. 한 고객에게는 누가 몽땅 사갔다 했더니 쯧쯧, 뭐에다 써먹으려구… 했다. 써먹든 말든 이쯤에서 세일광고를 접는다. 좌판에 찢어발겨 놓은 나를 거둬들인다. 남은 부속품은 폐기처분하기로 한다. 나는 이제 품절이다.

—「나는 이제 품절이다_「부위별로 팔아요」후렴」

 엄경희는 해설 「아무것도 아닌, '나'를 위한 悲歌」에 "신체 훼손, 혹은 절단, 절개의 이미지는 1980년대 후반부터 지금까지 지속적으로 드러나는 한국 여성시의 한 특징 가운데 하나이다. (……) 최승자를 비롯한 몇몇 선취적 노력을 제외하면 이제 이러한 반복이 진부함을 낳고 있는 것이 사실이다. (……) 그런데 황희순의 시에서 종종 발견되는 신체 절단의 이미지는 일종의 '유행'과는 질적 차이를 갖는다. 그의 시에 보이는 신체 훼손이 잔인한 이미지 이상의 절박성을 지닌 존재론과 맞물려 있기 때문"이라며 "그가 근본적으로 의도했던 것은 공포나 잔혹의 묘사가 아니다. 그는 상실의 고통을 겪었던 오십 세 여자의 내면 풍경을 통해 '나'는 누구인가, 이 삶 속에 살아야 하는 이유가 있기나 한 것인가, 내면의 슬픔과 기억을 벗어날 수 있는 방법은 무엇인가를 집요하게 묻는다."고 했다.

 서평 「몸의 제례, 마음의 몽유」를 쓴 최준 시인은 "그로테스크한 진술로 이어져 있지만 그 내부에는 생의 치열한 의지를 역설적으로 담고 있"다고 했다. 정순진 교수는 서평 「동사로 읽는 그녀의 환생기」에 "지난번 시집 『새가 날아간 자리』 자서에서 '어두컴컴한 골방에서 이제 그만 헤어나고 싶다'고 한 시인이 『미끼』를 들고 나타났다. 「미끼」에서 손가락, 눈, 귀, 입, 팔과 다리, 심장까지 떼인 모습이 괴기스럽고 측은하였으나 시집을 다 읽고 나자 '어디에 부려놓아도 깨질 일 없는 여자'가 그걸 미끼로 '절호의 찬스'(「금요일과 토요일 사이」)를 보고 있음을 알겠다. 신나고 짜릿한 순간이 되면 '덜컥 피가 돌아 팔을 쭉 뻗어' 우리를 '툭', 칠 게 분명하다. (……) 유쾌하고 유연한 상상력이 고맙고 반갑다."고 했다.

5. 2018. 『수혈놀이』

네 번째 시집 『미끼』(2013.3.30.) 발간 이후 나는 시 안 쓰기 결심을 하고 도서관을 들락거리며 생물학이나 천문학 책을 읽고, 탁구 치고 영화를 보면서 빈둥거렸다. 어쩐 일인지 껍데기만 남은 듯 속이 자꾸 허전했다. 그럴 때마다 못된 버릇을 버리지 못하고 안 하는 척 나를 속이며 살금살금 시를 쓰고 있었다. 2017년 끝자락이 되니 완성된 시가 40여 편이나 되었다. 나를 시험하고 싶어 대전문화재단에 창작지원금을 신청했는데 뜻밖에 선정되어 물러설 곳이 없었다. 자승자박(自繩自縛)이었다. 다섯 번째 시집 제목은 『수혈놀이』, 출판사와 문우들의 이견도 있었지만 내 결정은 흔들리지 않았다. '수혈'이 꼭 붉은 피만을 상징하는 건 아니기 때문이다. 네 번째 시집과 연계하여 다음과 같이 '시인의 말'부터 썼다.

폐기처분에 실패했다

남은 세포가 있었던 거다

그 한 점이 복제 또 복제

비어져 나오는 발을 주섬주섬 또

주워 담고 말았다

그것들을 풀어놓기로 한다, 다시

별이 되거나 새가 주워 먹거나

그리고 나의 살점들을 꼼꼼히 그러모았다. 4월 초부터 8월 말까지 꼬박 6개월을, 개도 안 걸린다는 여름 감기에 걸려 병원을 들락거리며 창작과 퇴고에 매진했다. 독서와 영화 감상으로 시간을 보내던 중 영화를 보며 흘려보내기 아까운 대사를 노트한 내용을 가져와 색다른 작품을 만들어보고 싶었다. 그런 예가 있었는지 도서관과 인터넷을 샅샅이 뒤지다가 정끝별의 책『패러디』(시인수업 05)에서 다음의 문장을 만났다.

"제임슨이 패스티시를 부정적으로 파악한 데 반해 이승훈은 패스티시가 가진 미학적 가능성을 주장한다.(「패스티시의 미학」,『포스트모더니즘 시론』,「혼성모방의 문화적 논리」,『모더니즘 시론』)"

재미가 꿈틀거렸다. 이승훈의『모더니즘 시론』도 찾아 읽어보았다. 나는 그들의 주장을 믿고 자신감이 생겨 틈만 나면 '미학적 가능성'을 위해 영화를 감상하며 여름을 소비했다. 그중 세 번을 반복해서 본 영화는「토리노의 말」이었다. 니체와 말에 대한 일화를 내레이션으로 시작하여 멈추지 않고 부는 광폭한 바람과 황량한 벌판과 생감자 베어먹는 마지막 풍경이 눈만 감으면 자꾸 떠올랐다. 그리고 시 「소멸의 기록」을 지었다. 그렇게 완성한 8편 중 아래 시는 영화 「The others」에서 노트한 내용을 나의 피 한 방울에 버무려 재구성한 「나머지 사람들」이다.

까마득한 옛날, 7일 동안 일어난 일이야. 그땐 세상에 아무것도 없었어. 신은 홀로 모든 걸 창조하셨지. 그리고 또 하나, 사랑스런 너를 내게 보내셨지.

쉿, 입을 막았을 뿐인데……. 네가 왜 움직이지 않는지 나중에 알았어. 내 자식을 내가 죽인 거야. 총을 들었지. 내 이마에 대고 방아쇠를 당겼어. 그뿐이야. 한참 뒤 네 목소리가 다시 들리기 시작했어. 아무 일 없다는 듯 놀고 있었어. 죽었으면서 넌 안 죽은 거야. 절대 포기하지 말고 강해지라고, 좋은 엄마가 되어보라고, 신이 기회를 주시는구나 믿었지.

모든 게 어렴풋이 보여. 견디기 힘들 땐 냉정해져야 해. 커튼을 닫아야 환해지는 낯선 방. 빛은 위험해. 이건 꿈이 아니야. 저승이 정말 있을까. 있다 해도 가면 안 돼. 여기가 이승이자 저승. 죽은 자와 산 자가 함께 사는 곳. 그래야 해. 그래야 해.

오랜만에 미친 듯 시에 몰두하며 꺾인 날개가 다시 펼쳐질까 봐 나는 내가 두려웠다. 『미끼』의 시들과 비교하면 싱겁지만, 진화가 꼭 짜디짠 방향으로 진행되는 건 아닐 터이니 어쩔 수 없는 노릇, 탈고 후 두 달 만인 2018년 10월 30일, 다섯 번째 시집 『수혈놀이』가 발간되었다. '시집 다섯 권은 발간해야 시인'이라고 한 누군가의 말대로 나는 기어이 시인이 되고 말았다. 사람답게 피어본 적은 없지만 나락으로 추락하지 않아 다행이라고 내가 내 손을 잡고 위로했다.

오홍진 평론가는 시집 해설에 "황희순 시에 등장하는 화자들은 이성 바깥에 존재하는 짐승들, 광인들과 긴밀하게 이어져 있다. 시인은 꿈속을 헤매는 광인들의 시선으로 이 세상을 다시 본다. 꿈속 세상은 무의식에 갇힌 대상들로 들끓는"다며 제목을 「'사람노릇'을 그만둔 자리에서 피어나는 詩」라고 했다. 나는 나를 모른 채 여기까지 흘러왔다. 나는 무엇인가.

임재정 시인은 서평 「회진과 회람, 그 사이」에 다음과 같이 썼다. "시인이 오래 스크린을 회람하는 이유도 유추해 볼 수 있다. 마치 달에서 보내는 하루처럼 삶의 중력이 반감되는 까닭이다. 가벼워진 몸무게로 딛는 걸음의 자유로운 보폭을 스크린은 고스란히 실현해 낸다. 거기서 화자는 조금 더 흐릿해질 수 있다. 나와 그다지 다르지 않은 대체할 무궁무진한 대역의 생이 재현되고 있으니까." 그는 나보다 나를 더 잘 읽었다. 영화 감상하고 메모하고 재구성하느라 가슴을 덜 허물어뜨리고도 시간을 빠르게 흘려보냈으니 말이다.

김정숙 교수는 서평 「우주로 향해 가는 발자국놀이」에서 "시인은 무언가를 폐기처분하려고 마음먹었으나 남은 세포의 무한 복제로 그것에 실패한다. 분열과 증식을 거듭하는 세포의 복제력에 의해 별이거나 혹은 새의 먹이쯤 될 것이 생겨나는데, 시인은 그것을 받아 안기로 힘겹게 결심한다. 그러니까 이 시집은 의지나 이성으로 막을 수 없는 생명 혹은 생존으로부터 생겨난 불가항력의 소산"이라고 했다. 불가항력, 시가 없었다면 나는 정말 어떻게 되었을까.

처음부터 우리 사이엔 날선 칼이 놓여있었지 서로를 넘나드는 발자국에 피가 묻어났지 나란히 누워 마주보면 이빨 사이로도 피가 스몄지 그 피 서로 핥아주며 낄낄거렸지 손만 잡아도 상처가 환히 피었지 너의 외로움과 나의 즐거움이 부딪치면 불똥이 튀었지 둘이 머문 들판은 언제나 축제장이었지 불꽃 낭자한 축제에 정신이 팔려 피를 몽땅 낭비해 버렸지 우린 껍질만 남아 밀려다니다 사라졌지 살고 살고 또 살아도 어김없이 혼자라도 다시 살고 싶어지는 12월, 오래 숨겨두었던 마지막 남은 피를 꺼냈지 새싹이 봄에만 돋는 건 아니지
　　　　　　　　　　　　　　　　　　　　—「수혈놀이」

불꽃 낭자한 축제는 오래전에 끝났다. 그래도 가끔 살고 싶어지는 이 미로를 어떻게 탈출할 것인가.

6. 그리고 또 꿈꿈

 2020년 봄, 대전을 탈출하여 저승새가 밤새 우는 정읍의 한 고택에 머물고 있었다. 날아다니는 꿈을 꾸었다. 개꿈을 하도 꾸어 머릿속이 늘 뒤죽박죽인데 그 밤엔 날개 없이도 날았다. 양팔을 몸에 찰싹 붙이고 꿈틀꿈틀 헤엄치듯 감나무 꼭대기까지 올라갔다. 그리고 물개처럼 공중을 헤엄치며 이 땅을 내려다보았다. 꿈에서 깨고도 날아가려고 버둥거렸다. 이런, 역시나 개꿈이었다.

 기와집 처마에 대롱대롱 매달린 두루뭉수리 인형, 달 밝은 깊은 밤 무엇을 말하고 싶은 걸까

 상처가 도져 꾼 꿈일 거야

 한자리에서 너무 오래 하늘을 치어다보아 뭉그러진 얼굴, 녹아버린 발

 뱀이었던 내가 꾼 꿈일 거야

 눈이 없다면 슬픔을 어떻게 읽고 쓸 것인가, 눈물은 어디에 고일 것인가

 길 잃은 만휘군상이 꾼 꿈일 거야

나의 몸 나의 슬픔 나의 모서리, 누가 내 살을 뭉텅 베어 처마 끝에 매달아 놓았나

　불면이 비몽사몽 지어낸 꿈일 거야

　무한 복제될 오늘, 끊어낼 수 없는 내일, 죽으나 사나 그 틈에 끼어 영원히 부대낄 수많은 나

　꿈속의 꿈일 거야
ㅡ「그러므로 백야」

지난가을, 뱀으로 변신한 나를, 아니 슬픔을 드디어 죽였다. 이건 시적 사고가 아니라 현실이었다. 그리고 '나는 자유'라고 써놓고 시「살생의 기억」밑그림을 그렸다. 시와 내 가슴 사이 묵직하게 매달려 있던 슬픔, 욕토초에 출현한 그것은 피가 되고 살이 되어 지금은 형체를 알아볼 수 없게 되었다. 내 의지와 상관없이 시간이 그렇게 만들어놓았다. 알아볼 수 없는 그것을 또 시간이 자꾸 갉아대어 이제 눈물 한 방울 고일 바닥마저 안 보인다. 안 보이는 그 바닥이 시도 때도 없이 솟아올라 숨을 틀어막는다. 그럴 때마다 아프다. 함께 늙어가는 개미나 모기나 초파리나 직박구리나 향어나, 내 시를 만나 고생한 모든 존재와 제자리에서 각자 또 아

프게 살아보는 거다. 이제 절대 기웃대지 않을 거다. 시가 되어도 좋고 아니 되어도 괜찮다. 답답해도 죽을 때까지 우리, 서로의 가슴을 더는 들여다보지 말자.

자발적 유배 비록 2

> 상처 입은 가슴이 귀를 통해 치유를
> 받았다는 말을 들어본 적이 없다.
> —셰익스피어 「오델로」에서

시간이 광속으로 달아났다. 3월에 멈춰있는 묵은 달력을 버리고 새해 달력을 걸고 또다시 걸고, 제주 다녀오고 벌써 두 번이나 달력을 바꿔 걸었다. 그리고 3월 말, 지워버리고 싶은 4월이 다가오고 있었다. 또다시 제주로 날아갔다. 바다향 밴 바람을 깊이깊이 들이마시며 동백 만발한 골목을 지나 수월봉이 보이는 반가운 빈집 수월헌에 도착했다. 2년 전처럼 기약 없이 맘 가는 대로 머물다 갈 생각이었다.

내부는 여전한데 넓은 마당에 잡풀들이 제 세상인 듯 자라고 있었다. 누군가 다녀간 흔적이 있지만 달라진 건 없었고, 방명록에는 내가 한 사인이 마지막이었다. 한동안 비워두었던 집을 구석구석 청소하고 짐을 풀었다. 별저 주인 E모 선생에게 잘 도착했다는 소식을 전하고 우선 바다부터 보러 갔다. 늦은 오후, 이맘때면 거닐던 노을해안길, 어둑어둑한 수평선 가득 흘러가는 먹구름을 보며 서 있다 돌아왔다. 그 밤, 잠을 설칠 만큼 비바람이 몰아쳤다. 다음날, 바다를 보러 제주로 출발한 친구가 폭풍 때문에 비행기가 착륙하지 못하고 돌아갔다. 지난번 왔을 때도 봄장마를 경험한 터라 긴장하지는 않았다.

잠시라도 비바람이 잠잠해지면 집 앞 돌담 사이 골목길을 딴 세상에 온 듯 무념무상 서성거리며 여유를 부렸다. 하루 또 하루, 아무 일도 일어나지 않았고 해야 할 일도 궁금한 일도 없었다. 온종일 사람의 목소리를 듣거나 말도 하지 않았다. 자동차 경적은 물론 개 짖는 소리조차 없고 바람과 비와 먹구름만 변화무쌍 오고 갔다. 전화기를 무음으로 돌려놓고 천천히 숨을 쉬며 애벌레가 동면하듯 최대한 가만히 있었다.

죽음의 세계가 이럴까? 시끄럽던 생각은 다 어디로 갔나. 이런 느낌을 누구는 고독이라고 꼬리표를 붙이는 건지도 모르겠다. 니체는 "당신이 심연을 너무 오래 들여다보면 도리어 심연이 당신을 들여다볼 것"이라고 했다. 나를 들여다보고 있는 게 나의 심연인가? 나의 심연이 이토록 고요했던가? 꿈인지 생시인지 밤낮 구별도 없이, 아픈 기억이 떠오르면 아무렇게나 누워 천장의 무늬를 좇다가 낮잠에 푹 빠지기도 하며 일주일을 보냈다.

비는 그쳤지만 먼지가 심했다. 바람이 세게 불어도 비만 내리지 않으면 노을해안길을 걸었다. 해변에 무성하게 자라던 번행초와 도로변에 즐비하던 토끼풀이 없어졌다. 한 세대가 지고 다음 세대가 더 큰 줄기로 살기 위해 준비하고 있을지도 모르지. 온갖 쓰레기가 나뒹굴고 있는 바닷가 검은 모래밭은 갯바위가 드문드문 드러나 전보다 삭막해 보였다. 조금 남은 그곳 모래밭에 한 뼘 남짓 되는 제웅이 있었다. 개인의 액운을 막기 위해 만들어 버린다는 짚으로 만든 액막이 인형, 아주 멀리 떠내려가 사람 눈에 띄지 말았어야 할 그것이 파도에 밀려 돌아왔다. 제웅이가 돌아왔어도 액운을 바다에 띄워 보낸 간절한 두 손에 근심 다시 없기를…….

묘지가 하나둘셋
산 사람 하나둘

다섯 식구가 함께 일하던
수월봉 오르는 길가 보리밭

산 사람은 집에 가고, 낮에 하다 만 일
묘지에 묻힌 그들 셋이 하고 있구나, 그들은

4·3항쟁 때 뚝 떨어져
아직도 피 멎지 않는 동백꽃

어둑어둑한 봄밤

보리밭을 떠나지 못하는

뭍에서 흘러온

구름 한 점

—「몽상」(2021)

검은 모래밭과 용회암(제주시 한경면 노을해안로 해변)

지난번 왔을 때는 무심했던 수월봉 아래 지질트레일과 검은 모래밭에 자리 잡은 용회암을 다가가 만져보았다. 상상을 초월한 자연, 화산재가 쌓여 만들어졌다는 테이블처럼 매끄럽게 풍화된 용회암은 아름다웠다. 한참 동안 걸터앉아 있었던 그곳은 산책할 때마다 내 자리가 되었다. 그때 일주일이 넘도록 안 보여 사라진 줄 알았던 별이가 멀리서 이쪽을 바라보고 앉아있었다. 무섭고 싫으면서도 반가운 감정이 꼬물거렸다. 나를 잊지 않고 있었다는 듯 전처럼 적극적으로 따라다니지 않았고 눈이 마주치면 여전히 시선을 돌리며 딴전을 부렸다. 본능적으로 나는 작은 막대기 하나를 주워 손에 꼭 쥐었다.

딴전 부리는 별이

열흘은 지나갔는데 맑은 하늘 보기가 어려웠다. 이제 청정 제주라는 말은 지나간 시절 이야기인지도 모르겠다. 마당이나 골목에 가장 많이 피어있는 태양을 쫓는 습성이 있다는 태양국, 먼지 많은 날에는 밤중이 아님에도 꽃잎을 야무지게 오므리고 있었다. 생명을 이어가는 모습은 모두 이렇듯 눈물겹고 아름답다. 드나드는 길만 정리하고 며칠 지내던 마당 여기저기 제멋대로 자란 풀들을 제거하기 시작했다. 서둘 이유가 없으니 하고 싶은 만큼만 했다. 풀을 뽑으면 여전히 이 마당 주인인 쥐며느리가 뿌리와 함께 바글바글 딸려 나왔다. 옆집 닭이 쥐며느리의 비명이라도 들은 건지 어찌 알고 매번 담에 올라앉아 있다가 사뿐 내려앉아 흙을 헤집어가며 주워 먹었다. 고향에서 본 시골집 텃밭 풍경과 흡사해 멍하니 구경했다.

사진만 남은 성게껍질

어느 날 검은 모래밭을 산책하다가 신기한 조개껍질을 주워왔다. 이름이 궁금해 찾아보니 조개가 아니라 가시가 다 닳아 없어진 보라성게의 껍질이었다. 옆집 돌담에서 자라는 다육이 한 포기를 가져와 그곳에 심어놓고 한참을 마당에 앉아 만지작거리고 있었다. 그때 누군가 느닷없이 양어깨를 푹 짚었다. 기겁을 하고 돌아보니 옆집 개 별이었다. 소름이 돋고 불결해서 화를 버럭 냈더니 흘끔흘끔 돌아보며 마당을 가로질러 밖으로 나갔다.

별이가 가져간 다육이

그런데 아주 간 게 아니고 낮은 돌담 너머에서 여전히 나를 훔쳐보고 있었다. 그러거나 말거나 다육이 심은 성게껍질을 햇볕 좋은 곳에 두고 방에 잠깐 들어갔다 나왔다. 그런데 성게껍질이 없어졌다. 갑자기 무엇엔가 홀린 듯 내 눈을 의심했다. 담장 밖에서 몰래 엿보던 별이가 보이지 않았다. 지나다니는 사람을 본 적 없는 한가한 골목을 이리저리 기웃거리며 찾아보았지만 없었다. 별이가 물어간 게 분명했다. 정말 웃기는 일이 벌어졌다. 저를 사랑해주지 않는다고 복수한 건가?

제 죄를 제가 아는 듯 다음날 오후 산책하러 가는 나를 전처럼 따라오지 않고 낮은 돌담 너머에서 머리만 빼꼼 내밀고 있었다. 걸음을 멈추고 돌아보면 숨었다가 나와서 바라보고 가다 돌아보면 또 숨었다. 개가 어떻게 저러는지 어이가 없었다. 돌아오는 길에 주인 없는 별이 집과 마당을 살펴보았지만 성게껍질은 없었다. 사람을 단절하니 개가 그 틈을 비집고 들어와 트러블 메이커 노릇을 했다.

개를 연구한 동물행동학자의 책을 읽은 적 있다. 좋아하는 사람이 먹이를 줬을 때는 인간이 누군가를 사랑할 때 반응하는 뇌 부위가 반응하고 모르는 사람이 줬을 때는 반응하지 않는다고 했다. 개가 정말 인지능력이 있다는 것이다. 장 그르니에는 산문집 『어느 개의 죽음』에 이렇게 썼다. "개의 눈빛이 우리와 마찬가지의 감정을 표현하지 못한다고 누가 감히 고집할 것인가. 마찬가지의 감정? 오히려 우리가 개만큼 느끼지 못한다. 얽히고설킨 감정 때문에 우리는 개가 느끼는 것과 같은 절대적인 즐거움과 괴로움을 경험할 수 없기 때문이다." 아무리 그렇다 해도 꼬맹이 때 키우던 개에게 물린 이후, 특히 홀로 돌아다니는 개와 길에서 마주치기라도 하면 내 의지와 상관없이 오들오들 소름이 돋는다.

길눈이 어둡고 방향감각이 맹탕인 나는 낯선 곳을 가려면 언제나 용기가 필요하다. 제주에 머문 기간 중 가장 먼 곳, 영실 한라산 둘레길을 산책하기로 하고 지도를 보고 또 보며 지리를 익혔다. 그리고 며칠 후 한라산 가까이 간다는 설렘과 약간의 두려움을 붙안고 길을 나섰다. 버스 환승 두 번, 두 시간여 거리의 영실에 도착했다. 매표소를 지키는 이와 잠시 대화를 나누고 한 시간 반 정도 영실로를 걸었다. 바위와 넝쿨식물과 키 큰 나무와 조릿대가 산의 속살이 안 보이도록 빼곡했다. 온대와 아열대 수종이 자라는 곳이라선지 뭍에서 보았던 숲과 달랐고 낮은 기온 탓인지 나무들은 새순이 막 돋는 중이었다.

거대한 숲에 스며들어 보일 듯 말 듯 꼬물꼬물 걷는 내가 신비롭고 호젓하여 더 오래 걷고 싶었지만 해가 기울고 있었다. 오던 길을 되짚어 무사히 다저녁때 숙소에 도착했다. 차분히 더 고요해지라고 모처럼 먹구름 없이 바람도 없이 영롱한 봄비가 사락사락 내렸다.

은둔을 마무리할 시간이 다가오고 있었다. 꼭 그래야 할 이유는 없지만 그만 제자리로 돌아가라고 또 다른 내가 나에게 속삭였다.

엉알해안길에서 만난 엉알새(직박구리, 2021. 04. 27.)

떠나기 전날은 비는 오지 않았으나 구름이 오락가락했다. 엉알해안길, 어쩌면 내 생에 마지막이 될지도 모를 그 길 풍경을 눈에 담아가며 해찰하며 걸었다. 눈 쌓인 한라산 꼭대기가 하늘에 닿은 듯 아득히 보이고 갯바위엔 쪽빛 바다를 배경으로 톳 채취하는 이들이 여럿 있었다. 살벌하게 바람 불 때를 생각하면 상상할 수 없이 따듯한 풍경이었다.

그리고 다음 날 제자리로 돌아왔다. 도시의 텁텁한 공기가 숨을 훅 틀어막았다. 녹음이 한여름 같았다. 4월이 그렇게 또 흘러갔다.

강물아, 어디로 가니

인생이라는 강을 무난하게 떠내려갈 때는 주변 풍광만 바뀔 뿐 정작 자기는 한자리에 머물러 있는 듯한 착각이 든다. 그러다 갑자기 앞에 낭떠러지, 즉 인생의 폭포가 나타난다. 이 폭포를 지나치면서 겪는 일은 기억 속에 깊이 새겨진다.

—『독일인의 사랑』(프리드리히 막스 밀러) 부분

도도히 흐르는 강물에 풍덩, 파문을 일으키던 풍경을 끄집어내기란 쉬운 일이 아니다. 10년 20년이 지나도 아픈 일이 있는가 하면, 1~2년은 지나야 끄집어낼 수 있는 풍경도 있고 죽을 때까지 괴롭힐 풍경도 있을 것이다. 어떤 풍경은 지분지분 물길을 막아 먼 길을 돌아가게 만들고, 즐거웠으나 걸림돌이 되기도 한다. 하여 나는, 걸림돌이 될 자잘한 잡풀들을 뽑아내듯 모아두었던 사진을 모조리 불태워 버렸다. 즐거웠거나 괴로웠거나 깊이 새겨진 기억을 끄집어내면, 돌아갈 수 없어서 또는 돌아보기 싫어서 대부분

번뇌와 맞닥뜨리게 된다. 참척(慘慽)의 낭떠러지도 견디며 여기까지 흘러왔는데 이도 저도 아닌 풍경들을 구경하며 어찌 멈칫거릴 수 있겠는가. 바뀌는 계절을 돌려세울 수 없듯 지나간 시절의 짧은 인연들은 지워야 무난히 흘러갈 수 있으리라.

최근 겪은 폭포는 2013년 1월 6일, 세상을 떠난 어머니였다. 어머니를 그날 그 시간 그 자리에 두고 만 2년을 여기까지 흘러왔다. 노환으로 몸 구석구석 아픈 어머니에게 엄살 피운다고 유난히 매정스럽게 굴던 나는 한동안 자괴감에 시달렸다. 어떤 시인이 상처는 더 큰 상처로 열어야 열린다고 했다. 십수 년 전 천붕지괴보다 더한 일을 겪은 후 눈물이 말랐다고 생각했는데, 시간이 많이 흘러선지 걷잡을 수 없는 눈물이 흘러내렸다.

죽어야지 죽어야지 하면서도 약을 꼬박꼬박 챙겨 먹던 어머니, 죽고 싶으면 약도 밥도 안 먹으면 된다고 모진 말을 하던 나도 이제 어머니처럼 되어가고 있다. 이미 몇 년 전보다 약을 자주 먹고 있으니 어느 굽이부터는 어머니의 도플갱어가 되어 흘러갈 것이다.

하늘 높고 가을볕 눈부시던 2014년 9월 17일, 두 살 터울인 남동생 헌식

내 어머니 조순애 여사

이 또 나를 뒤흔들어 놓았다. 동생의 영정 앞에 두 번 절을 했다. 망자가 우선이므로 누나도 절을 해야 한다고 장례사가 말했다. 어머니가 일으킨 풍랑이 잔잔해지기도 전에 눈물보가 또 터졌다. 눈물은 도대체 어디서 샘솟듯 흘러나오는 것인가. 혹시 피가 녹아 흐르는 건 아닐까. 어머니와 이별할 때보다 더 많이 흔들렸다.

비슷한 표정의 사진을 찾아 동생과 나란히 놓고 보니 똑같이 어머니를 닮았다. 우린 왜 카메라 앞에서 이가 보이도록 활짝 웃지 못했을까. 암이라니, 정말 속수무책이었다. 잘살아보려고 애쓰던 동생을 참혹하게 주저앉히고 말았다. 임종 전날 간호사를 바라보던 동생의 눈빛이 뇌리를 떠나지 않는다. 피붙이들이 풍경 뒤로 이렇게 하나둘 사라지고 있다. 이 또한 살아 있으므로 만나는 복병들이다.

위 필자, 아래 내 동생 헌식이

까마귀의 실수로, 태어나는 순서는 있어도 죽는 순서가 없어졌다는 옛날이야기가 있다. 까마귀 고기를 먹으면 건망증이 생긴다는 말도, 죽음과 관련지어 흉조(凶鳥)로 생각하는 이유도 다음의 이야기에서 출발한 건 아닐까.

"까마귀가 염라대왕의 저승사자 역할을 할 때였다. 하루는 까마귀가 저승으로 데려갈 사람의 명부를 물고 가는데, 한 마을에서 잔치가 벌어지고 있었다. 배가 고팠던 참이라 자신의 일을 잊고 마을로 내려가 정신없이 허기진 배를 채우고 저승으로 돌아갔다. 막 저승문을 열고 들어가려고 할 때서야 잔칫집에 놓고 온 명부 생각이 났다. 까마귀는 먼 길을 다시 돌아갈 수도 없고, 그렇다고 명부에 적힌 사람의 이름도 생각이 나지 않아 평소 자기가 알고 있던 사람의 이름을 적어 염라대왕에게 올렸다. 그래서 정작 잡혀 갈 사람이 아닌 엉뚱한 사람이 사자의 명부에 올라 저승으로 가게 되었다."

염라대왕이 어디 있고 저승이나 저승사자가 어디 있겠는가. 로마 시인은 "자연에 대한 공포가 처음으로 세상에 신들을 만들어냈다."고 했다. 미시간대 심리학 박사 윌리엄 초픽은 다음과 같이 말했다. "죽음은 사람들이 피하는 주제지만 흥미롭다. 사람들은 평생 죽음을 마주하고 살아야 한다. 당신이 이 세상에 태어나서 확신할 수 있는 단 한 가지는 언젠가 죽을 것이라는 사실이다."

> 바이올렛 나스터츔 인파첸스 베고니아
> 화려한 꽃들이 비빔밥 위에 얹혀 있다
> 나스터츔 한 송이 집어 우적우적 씹는다
> 꽃밥 파는 허브농장이 정글 같다
> 현기증이 살짝 지나간다
> 내가 먹은 꽃이 어디 이쁜가

세상천지가 꽃밭이다

웃음도 꽃이고 상처도 노여움도 꽃이다

그대도 나도 피었다 지는 꽃이다

나는 바이올렛보다 더 화려한 꽃을

먹어치운 적 있다

코앞에 수없이 피고 지는 꽃들을

눈도 꿈쩍 않고 다 먹었다

이제 나만 먹어치우면 된다

나를 내가 먹는 건 재미없는 일

새나 벌레나 들개나 사람이나

맛있게 먹어줄 그늘을 찾는 게

마지막 숙제다

―「꽃밭에서」(2013)

  앞만 보거나 바닥을 보면서 걸어 다니는 습관 때문인지 나는 길눈이 어둡다. 대여섯 번은 다녀봐야 여기가 그 길이구나 하고 알아차린다. 밀물과 썰물을 구별하지 못하고 아직도 너트(nut)나 병뚜껑을 어느 쪽으로 돌려야 풀리는지 몰라 힘껏 조여놓고 안 풀려 가끔 어려움을 겪는다. 이사를 자주 다니던 시절 꼭 한 번씩은 집을 못 찾아 헤매고, 왼쪽을 가리키며 우회전이라고 했다가 친구를 폭소케 만든 적도 있다. 그리고 거리 개념도 부족하고 방향감각조차 없어 동서남북을 구별하지 못한다. 가는 곳마다 해 뜨는 쪽이 바뀌어 가끔 해가 뜨는 쪽이 어디냐고 물어 동행인을 어이없게 만들기도 한다. 이 어리바리함 때문에 가끔 고생은 하지만 고민하지 않는다. 무진장 흘러갈 것 같은 '나'라는 강물도 어디에선가 멈출 터이니 말이다. 그날의 그늘이 고요했으면 좋겠다.

새가 날아간 자리

가랑잎 쌓인 산책길
새털 몇 잎 흩어져 있다

그날, 콩마당질하던 해질녘, 아버지의 여자 때문에, 머리채 뒤잡혀 사립문 밖으로 끌려 나간 언니, 나뒹굴던 마당귀, 감나무 밑, 홍시 짓뭉개져 있던 거기, 한 움큼 뽑힌 머리카락, 콩깍지 밟듯 밟고 서있던 아버지, 등뒤, 풀썩 쓰러지던 어머니, 그림자, 흰 고무신 한짝 뒤집혀 있던, 그 자리

간밤, 새들에게
무슨 일이 있었던 것일까

―「새가 날아간 자리」(2013)

나의 아버지는 시대를 앞서가는 농사꾼이어서 동네 다른 이들과

달리 비닐하우스를 잘 이용하고, 묘목이든 과일이든 채소든 대량으로 생산하여 화물자동차에 싣고 대전 중앙시장에 내다 팔았다. 그 일로 아버지는 집 비우는 날이 잦았지만 식구들은 걱정하지 않았다. 그런데 대전 중앙시장에서 장사하는 한 여자와 아버지가 함께 있는 걸 오래전부터 여러 번 보았다는 망측스런 소문이 동네 고샅을 떠돈다는 것이었다. 어느 날 그 이야기가 찔레꽃 울타리를 넘어 어머니 귀에 기어이 닿았다. 막내 여동생이 태어난 지 백일쯤 지났고 나는 초등학교에 입학했을 즈음이었다.

어려도 동물적 감각으로 집안의 냉기를 감지했다. 어머니는 평소와 다르게 말을 하지 않았고, 할아버지와 할머니는 어머니 눈치만 보았다. 아버지가 대전에서 돌아오자마자 순식간에 집안에 큰 소리가 오가며 살얼음판이 되었다. 할아버지에게 아버지는, 아이들 교육 때문에 대전에 여자를 두었다고 핑계를 댔다. 그날부터 1926년생 갑장인 어머니와 아버지는 마주치기만 하면 싸우고 때로는 밥상이 날아가기도 했다. 근심의 구름이 집 안팎을 매일 밤낮없이 맴돌고 아버지는 변함없이 며칠씩 집에 오지 않았다. 아버지 역성을 드는 할머니에게 어머니는 마구 화살을 쏘아대고 젖 달라고 우는 막내에게 복살머리 없는 새끼라고 지청구를 했다.

불안스럽게 초등학교를 졸업하고 나는 정말 아버지의 여자에게 맡겨졌다. 아버지는 행복한 표정으로 난생처음 본 아줌마에게 작은엄마라고 부르라며 인사를 시켰다. 중앙시장에서 과일장사를 한다는 그 여자는 밤중에도 화장을 했다. 아버지가 들르는 날 단칸방 불은 초저녁에 꺼졌다. 어머니랑 눈만 마주쳐도 화를 내던 아버지가 그 여자 앞에서는 말끝마다 웃었다. 숙제하고 공부도 해야 하는 나는 부엌으로 나갔다. 야릇하게 웃는 소리에 귀를 쑤셔가며 연탄가스 풍기는 부엌 바닥에 빨래판을 깔고 앉아 주먹으로 눈물을 꾹꾹 찍어가며 책을 소리 내어 읽었다. 할 수 있는 일은 그것밖에 없었다.

식구들이 생각날 때면 공동우물에서 물을 길어다 그릇그릇 넘치게 채웠다. 아버지가 없을 때 그 여자는 눈을 흘기며 물 좀 그만 퍼오라고 화풀이를 했고 니 애비 땜에 신세 조졌다고 구시렁거렸다. 두레박 잡은 손에 물집이 생겨도 우물물은 줄어들지 않았다. 우물에 간 그 여자가 어쩌다 늦으면 우물귀신에게 잡혀가는 상상을 하곤 했다. 보이지 않을 때까지 손 흔들어주는 할아버지가 보고 싶어 차멀미 때문에 구토를 하면서도 주말마다 시골집에 갔다. 할아버지와 식구들 사랑 듬뿍 받고 온 나는 더 열심히 공부했다.

중학교 2학년이 되었을 때 시골에 있는 초등학생 남동생 둘이 대전으로 전학했다. 이따금 아버지가 들르는 날이면 다섯 명이 단칸방에서 잤다. 윗목 앉은뱅이책상 가까이 붙어 자던 나는 깨어보면 몸이 반쯤 책상 밑으로 들어가 있는 날도 있었다. 그해 여름방학, 동생들과 함께 시골집 마당에서 놀고 있을 때였다. 그 여자네 옆방에 사는 늙은 고물장수가 우리의 책상과 책과 옷가지를 손수레에 싣고 사십 리가 넘는 길을 걸어서 왔다. 식구들은 놀랐고 고물장수는 물건들을 마당에 아무렇게나 쏟아놓고 가버렸다. 언니에게 드잡이 당한 임신한 그 여자가 우리를 쫓아낸 것이었다. 여덟 살 터울인 언니는 그 후 서울 이모네 집으로 한동안 피신해 있었다. 집안이 또 풍전등화 지경이었다.

불같이 화가 난 아버지는 다른 곳에 셋방을 얻었다고 했다. 반에서 키가 제일 작은 나는 그곳에서 동생 둘을 데리고 어설픈 자취를 시작했다. 작은 방이 두 개, 마당 가운데에 다행히 수돗물이 있는 집이었다. 아랫목만 따끈따끈한 아랫방은 동생 둘이 자고 나는 불기운 닿지 않는 윗방에서 겨울에도 옹송그리고 엎드려 공부하고 혼자 잤다. 부뚜막엔 개미가 고물고물 기어 다녔다.

그 여자 집을 오가며 가끔 들르는 아버지 밥상에도 가끔 개미가 먹던 밥을 올렸다. 아버지는 물에 말아 둥둥 떠다니는 개미를 숟가락으로 떠내고 먹었다. 비닐을 쳐놓은 부엌 창이 겨우내 후루룩후루룩 울었다. 소금을 뿌려도 개미는 없어지지 않았다. 가장 힘들었던 건 동생 둘 도시락 싸주는 일이었다. 반찬 걱정을 하면 착하디착한 동생들은 친구랑 같이 먹으면 된다며 반찬 없이 밥만 들고 학교에 갔다. 어쩌다 도시락에 넣을 만한 반찬이 생겼을 때 아니면 내 점심은 늘 생략했다.

서른 살 이전에는 누구도 꺼내지 못한, 언니나 막내는 모르는 우리 셋만의 에피소드가 많았다. 불문율 같던 그 이야기를 스스럼없이 꺼내며 웃거나 울 수 있는 나이가 된 어느 날, 어머니 집에 오랜만에 다섯 형제가 모였다. 나는 어머니에게, 그때 우리 자취방에 왜 석유 화로도 안 사주고 버린 자식 취급했느냐며 원망 섞인 질문을 했다. 어머니가 한숨을 길게 내쉬더니 어렵게 말을 꺼냈다.

"그러니께 말여, 왜 그랬나 몰라. 내가 인제 첨으로 얘기하넌디……, 원젠가 여름에 열무김치래두 담궈주려구 갔더니 글메, 꼬추장에 밥을 비벼서 먹다 말구 양푼에 숟가락 세 개를 푹 꼽아논 채 핵교에 갔더라구. 어이구, 그게 아직두 눈에 선햐. 내가 그걸 보구 글메……, 두 다리 뻗구 한참 통곡을 했지 뭐여. 아이구~."

끝말을 간신히 뱉으면서 어머니는 울먹울먹했다. 뜻밖이었다. 나도 눈물이 나왔다. 아침밥을 못 먹고 학교 간 날이 한두 번이었겠는가. 고생한 일만 있었던 건 아니다. 집 앞까지 나를 쫓아온 남학생을 남동생 둘이 힘을 합해 겁을 준 일도 있고, 눈물이 날 만큼 배꼽을 움켜쥐고 웃은 날도 있었다.

어느 여름, 오랜만에 어머니가 시골에서 키운 아욱을 가져와서 된장국을 끓여주었다. 그런데 이게 웬일, 듬성듬성 털이 난 새끼 손가락만 한 녹색 애벌레가 큰동생 국그릇에 축 늘어져 있었다. 아욱에 달라붙어 있던 벌레를 못 보고 그냥 끓인 것이었다. 어머니도 놀라 난리가 났고 우리 셋은 그날 저녁밥을 못 먹고 비명을 지르며 밖으로 뛰쳐나갔다. 특히 큰동생은 어른이 되도록 아욱국만 보면 질색을 했다. 살림에 익숙지 않은 사춘기 소녀의 손이 또 무슨 사고는 안 쳤겠는가. 깜빡 잊고 간장을 넣지 않은 맹탕 두부

찌개를 오랜만에 들른 아버지와 함께 먹겠다고 차린 밥상도 있었고, 연탄불이 꺼져 밥도 굶고 냉방에서 자기도 했다. 그 시절 이야기는 이제 작은 남동생과 이따금 들여다보는 낡은 그림이 되었다.

분꽃프리즘

 초등학교에 입학할 무렵이었다. 밭에서 돌아온 어머니가 풍뎅이 다리를 똑똑 자르고, 보이지도 않는 작은 모가지를 홱 비틀어 내 앞에 뒤집어놓았다. 바람개비보다 더 신나게 돌아가는 재밌는 놀잇감이었다. 멈추면 어머니는 모가지를 한 번 더 비틀었다. 그날 이후 나는 틈만 나면 풍뎅이를 잡으러 다녔다. 어른들이 도토리를 터느라 매질한 큰 도토리나무의 진물 흐르는 상처에 풍뎅이가 모여있었다. 여러 마리를 잡아 와 어머니가 했듯 망설이지 않고 전부 다리부터 자르고 모가지를 비틀어 넓은 마당 가운데에 놓았다. 손바닥으로 탕탕 땅을 치며 앞마당 쓸어라 뒷마당 쓸어라 노래도 불렀다. 멈추면 어머니가 했듯 모가지를 비틀고 멈추면 또 비틀었다. 해가 저물면 마당에 버려두고 방에 들어갔다. 날아가려고 몸부림치고 있었다는 걸 모르고 풍뎅이를 일회용 장난감으로 여겼다. 아침에 나와보면 닭들이 다 쪼아 먹고 없었다. 마흔 살 안팎인 어머니가 시앗을 본 즈음이었다.

시간은 쉬지 않고 화살같이 흘러 아버지가 일흔 살쯤 되었을 때였다. 직장암이라는 판정을 받고 느닷없이 항문을 봉하는 대수술을 했다. 그 후 대변을 옆구리로 받아내며 자리보전하고 있었다. 허약한 어머니가 아버지 병을 수발드는데 젊은 시절에 쌓인 화를 다 풀어내는 듯했다. 어느 날 들렀더니 집안이 시끄러웠다. 나는 점점 목소리가 커지는 어머니를 아버지 침상 앞에 억지로 앉히고, 젊어서 한 일 어머니에게 사과하라고 아버지를 다그쳤다. 머리를 가슴에 푹 파묻고 있던 아버지가 고개를 들었다. 그때 아버지 손을 잡아당겨 어머니 손등 위에 강제로 올려놓았다. 그 순간 아버지가 울음을 푹 터트렸다. 할아버지 장례 때 외에 처음 본 모습이었다. 이어 어머니가 대성통곡을 했다. 나도 덩달아 슬픔이 치밀어 올랐다. 어머니 손을 잡은 아버지 손등에 내 손을 얹어놓고 소리 내어 같이 울었다. 함께 살고 있던 큰동생 내외가 울음소리에 놀라 방문을 벌컥 열고 멍하니 바라보며 인상을 찌푸리고 있었다. 이제 제발 큰소리 내지 말라고 내가 사정했다. 바라보고 있던 동생이 화가 난 듯 문을 쾅 닫았다. 동생 맘을 왜 모르겠는가. 우리 형제들은 부모의 불화에 질려 있었다.

 그날 이후 아버지가 이승을 하직할 때까지 한 2년여 어머니는 다행히 화를 덜 냈다. 서로 처음 본 모습일 터라 말 한마디보다 더 진한 울음으로 평생 쌓인 한 많은 빚을 한 자락씩 주고받은 느낌이었을지도 모르겠다. 그날의 예상 밖 통곡은 건드리면 도질 모두의 상처라서 이후 누구도 다시 언급하지 않았다.

아버지를 보내고 어머니는 경로당에 재미를 붙였다. 젊었을 적엔 한복을 입고 나서면 고샅이 훤했다는 어머니였으니 인기가 좋았던 모양이다. 심지어 어떤 영감의 친절을 질투하는 할매가 생겼다며 삼각관계인 듯한 로맨스를 자랑하기도 했다. 어머니의 일흔다섯 번째 생일이었다. 건강한 모습 보여주는 것이 효도려니 생각하고 아들을 데리고 부리나케 갔다. 동생들이 와 있었다. 모처럼 자식들 틈에 앉아 노인대학을 졸업했다면서 사각모 쓴 사진을 보여주며 웃고 있었다. 사각모를 쓴 모습이 정말 예뻤다. 졸업식 날 자식들이 다 왔더라고 했다. 쓸쓸했느냐고 물었더니 목소리를 낮추며 아니라고 했다. 그 모습도 너무나 예뻤다.

어느 날 아침, 늘 일찍 일어나던 어머니가 깨워도 안 일어난다며 큰동생에게서 다급한 전화가 왔다. 수면제를 먹은 거 같다는 거였다. 순간, 언젠가 아픈 다리 때문에 먹는 어머니 약 중 잠 잘 오게 하는 바륨(신경안정제)이 들어있다고 알은체했던 기억이 났다. 그때 약을 뒤적이며 어떤 거냐고 묻길래 알려주지 않았다. 아마도 어머니는 수면제일 거라 여겼는지 약국에 가서 알아봤던 모양, 이후 걸핏하면 '수면제나 먹고 죽어야지 죽어야지'를 노래하듯 했다. 그럴 때마다 요즘 수면제는 한 줌을 먹어도 절대 죽지 않고 고생만 한다고, 수면제가 아니라 신경안정제라고 차근차근 설명해 주었다. 하지만 어머니는 그런 소리 말라며 옛날에 수면제 먹고 누구도 죽고 누구도 죽지 않았느냐 반문한 적 있었다. 동생이 응급실에 간다고 하기에 가지 말라고 안심시키고 부리나케 갔다. 편지를 써본 적 없는 어머니가 당신 며느리에게 다음과 같이 유서를 써놓고 자살을 시도한 거였다.

"너고생들식길라고미리간다 차가지고단이는애들놀내장게전아하지마라 서라비돈심만언잇으니생일날애델리고마신는것사머거라 내가잘못한것용서해라 너는너의남편이잘하니나나가면방에서한번궁그러라"

 기가 막혔다. 고향에서는 상여가 나가고 나면 고인이 누웠던 방에서 뒹굴면 두려움이 없어진다는 속설이 있었다. 마지막까지 자식 걱정이었다. 숨소리도 고르고 안색도 평소와 같아 어머니가 깊은 잠에서 깨어나길 기다렸다. 머리맡에는 약봉지가 그대로 있었다. 꼬박 스무 시간쯤 자고 부스스 일어난 어머니가 나를 보고 모처럼 환하게 웃으며 말했다.

"그래두 고생 들하고 죽어서 다행이여."

 가랑잎 같은 어머니 손을 꼭 잡고 물었다.

"엄마 죽었어? 저승이야? 그래서 지금 무릎 안 아퍼?"

"응, 시상 안 아퍼. 죽었응께 안 아픈 거 아녀? 너는 근디 원제 옹겨. …… 얼레, 여가 워디여?"

 기가 막혀 웃음이 푹 터질 뻔했지만 약 기운 때문에 다시 잠든 어머니를 보며 나는 눈물을 삼켰다. 여기가 어디일까. 여긴 정말 어디일까.

그렁저렁 또 몇 년, 어머니의 시간은 광속으로 흘러 눈에 띄게 노쇠해졌다. 대소변이 의지대로 가려지질 않아 가끔 실수할 지경에 이른 2012년 3월, 죽으면 죽었지 절대 안 간다고 몸부림치는 어머니를 보쌈하듯 요양시설에 입소시켰다. 봄이 오고 있는데, 곧 분꽃이 필 텐데, 어린 내게 분꽃으로 귀고리를 만들어 걸어주던 참한 어머니였는데……. 산골짝을 돌고 돌아 낯선 그곳에 86세 어머니를 홀로 버려두고 돌아왔다. 자식이 다섯이나 있음에도 늙고 병들어 말년을 마무리할 집이 없다니. 나아지면 모시러 오겠다는 말은 헛말, 나는 일주일이 멀다 하고 그곳에 들러 분위기를 살폈다. 언제 집에 데리고 갈 거냐고 어머니는 매번 불만을 토로했지만 변명할 말이 생각나지 않았다. 마음과 다르게 자꾸 불퉁거렸고 오는 길엔 자책하고 반성하며 울었다. 내 집에 모실까도 고민하고 또 고민했지만 도무지 형편이 되질 않았다.

요양시설 생활 두 달이 지난 어느 날 어머니가 또 자살을 시도했다. 같은 방에 있던 노인의 과도로 일을 저질렀다고 했다. 손목과 목 곳곳에 자해한 흔적이 셀 수 없이 많았고 손목은 인대가 조금 상했다고 했다. 그 심정을 어떻게 헤아릴 수 있겠는가. 우리 형제가, 아니 내가 무슨 짓을 저질렀단 말인가. 이것이 바로 현대판 고려장 아닌가. 자존심 강하고 정신이 멀쩡한 어머니가 견딜 방법이 없었으리라. 속이 푹푹 썩어 감정 다스리기가 힘들었다. 모 대학병원에 며칠 입원 치료 후 어쩔 도리가 없어 다시 요양시설로 보내졌다. 그 후 가서 보면 늘 비몽사몽 누워있거나 잠들어 있었다. 또 사고 칠까 봐 관리자가 약으로 정신을 눌러놓는 것 같았다. 나는 넋 놓고 앉아있는 어머니에게 왜 그렇게 살기 싫은 거냐며 쓸데없는 말을 시켰고 어머니는 마지막까지 묵묵부답이었다.

하루 또 하루, 시간은 속절없이 흘러갔다. 아무도 이름 불러주지 않았던 나의 어머니 조순애, 박장대소(拍掌大笑)를 벽장다수라고 말하던 그녀는 그렇게 연명하다가 말 한마디 남기지 않고 우리 곁을 떠나고 말았다. 아무도 임종을 지키지 못했다. 발목까지 눈은 쌓이고 차가운 바람이 에일 듯 휘몰아치는 소한(小寒) 전날 아침, 불편한 요양시설 생활 10개월 만이었다.

분꽃귀고리 만들어주던 엄마는 서른일곱 이쁜 여자였고 나는 울배기 일곱 살 여자였어요. 엄마가 그러했듯 여자라서 불편한 세상 다 허비하고 무늬만 남았어요. 애간장은 누가 다 파먹었을까요. 낯익은 저 여자, 죽어야 편하지 죽어야 편해, 노래 부르던 엄마가 저기 있네요. 엄마, 이만하면 이 딸도 잘 버틴 거지? 간당간당 매달려 사느라 도려낸 뒤통수 누가 볼까봐 모자 깊이 눌러쓰고 엄마 무덤 가요. 끝까지 편들어주던 유일한 별, 이제는 편안해졌을 여자, 여자 만나러 가요.

—「분꽃프리즘」(2013)

며칠이 지나간 후, 큰올케가 어머니의 손때 묻은 유품을 방안 가득 꺼내놓았다. 아끼다 새것으로 두고 간 옷들과 잘 어울리던 한복과 애장품들을 찬찬히 보며 어리석게 울음보가 또 터졌다. 언젠가 내가 사준 손목시계와 언니의 여행 선물이라고 자랑하던 진주목걸이를 가져와 아버지의 유품인 기생곰방대 곁에 안치했다.

노인을 위한 나라는 없다지만

 입추가 지났음에도 화탕지옥 같은 찜통더위가 연일 계속되고 있었다. 한낮을 에어컨에 의지해 견디고 해거름께 산책하러 집을 나섰다. 경로당 앞을 지나고 있는데 문 앞 의자에 앉아있는 상노인이 내게 말을 건넸다. 자세히 알아듣지 못해 가까이 다가갔더니 경로당 문을 열어달라는 거였다. 열쇠는 누구나 아무 때나 드나들 수 있도록 문틀 위 어딘가에 얹혀 있다고 했다. "어두워지는데 왜 집에 안 가시고……." 열쇠를 찾으며 의아해서 물어보았다. 여기서 같이 놀던 사람이 열쇠를 바꿔 가는 바람에 문을 못 열어 경로당에서 자려고 한다는 거였다.

 이상했다. 바꿔 간 이도 집에 못 들어갔을 텐데 이 노인 혼자 왜 이러고 있을까. 문을 따주고 돌아서려다가 집이 어디냐고 물어보았다. 가는귀가 먹어 큰 소리로 말해야 했다. 멀리서 여기까지 걸어올 수는 없을 거라는 생각에 그 열쇠로 내가 한번 열어볼 테니 집에 가보자고 했다. 산밑까지 한참 가야 한다며 사양했다. 산책하러 나왔으니 괜찮다고 했더니 기다렸다는 듯 앞장서서 걸어갔다. 노인 말대로 문을 열 수 없으면 다시 와야 하므로 경로당은 잠그지 않고 열쇠를 들고 뒤따라갔다.

걸어가는 5분여 동안 표현만 달리해 가며 너무 오래 살았다는 말을 계속했다. 사는 게 지겨워, 왜 안 죽는 건지, 내일모레면 백 살 등등 앞의 말을 반복하고 또 했다. 노인의 귀에 바짝 대고, 건강하게 오래 살면 좋은 거라고 위로했다. 몇 년 생이냐고 물었더니 범띠라고 했다. 백 살이라면 1926년생 범띠? 내 어머니랑 동갑이었다.

노인의 집은 내가 사는 아파트 정문 앞 삼화빌라 3층이었다. 작은 키에 내 어머니처럼 호리호리하고 어깨도 허리도 반듯했다. 그는 놀랍도록 가볍게 계단을 올라갔다. 어느 집이나 현관문에는 손잡이 위에 보조키가 있기 마련, 그곳에 열쇠를 꽂고 돌리니 딸깍 열렸다. 그간 어떻게 살아온 것일까. 이야기하는 걸 보면 괜찮아 보이는데 치매가 진행되고 있을지도 모르겠다. 문을 싱겁게 열어 주고 들어가는 걸 보고 돌아서려는데 내 팔을 붙잡으며 노인은 울먹울먹 떨리는 목소리로 말했다.

"아이구, 이르케 고마울 디가 있나. 오천 원이래두 줘야 하넌디, 쪼끔만 기다려봐유. 아이구우~ 여기서 기다려봐유. 그럼 낼 경로당으루 와유. 아이구, 이르케 고마울 디가 있나. 아이구……."

오천 원이라니, 그 상황에 웬 오천 원으로 마음을 대신할 생각을 했을까. 팔을 붙잡는 노인에게 인사를 하고 부리나케 계단을 내려왔다. 다시 경로당으로 가서 문을 잠그고 열쇠는 본래 있던 자리에 두었다.

애초 하려던 보문산 둘레길 산책은 잊고 맥락 없는 생각이나 하고 또 하며 어둠 솔솔 내려앉는 아파트 주변을 맴돌았다. 노인과 동갑이고 체격도 비슷한 내 어머니 생각에 가슴이 미어졌다. 마실이라도 그럭저럭 다니던 때 지팡이를 짚고 경로당 앞에 서서 딸의 뒷모습을 끝까지 지켜보던 힘 없는 얼굴이 눈앞에 어릿어릿 흘러내렸다. 87년을 산 어머니보다 더 오래 산다면 나는 저 노인보다 더 격렬하게 하늘을 원망하며 종주먹질할 게 뻔하다.

온라인 커뮤니티에 서울의 유명 대학교 학생을 상대로 부모가 언제쯤 죽으면 가장 적절할 것 같으냐는 설문조사에 '63세'라고 답한 학생이 80%라는 괴담이 돌기도 했다. 생활 환경과 의료 기술이 발전하여 수명은 점점 늘어나는데 2023년 기준 우리나라 65세 이상 노인 자살률이 OECD 가입국 중 1위라고 한다. 단골 마트에 갔는데 육십이 된 여주인이, 편찮은 아흔셋 어머니가 영양제 주사를 맞고 생기가 도는데 좋아하는 자식이 한 명도 없더라고 했다.

노화는 피해 갈 수 없는 실제 상황이다. 곱게 늙는다는 말은 반어(反語), 한 군데씩 고장 나 불편하고 주름살 늘어가는데 어떻게 고울 수 있겠는가. 괴테는 늙는 것도 기술이 필요하다고 했다. 좀 더 늙으면 알 수 있을까? 곰곰 생각해 봐도 묘연하다. 매사에 최선을 다해 사는 것도 기술일지 모르겠다.

추석이 다가옴에도 더위가 기승을 부리는 한낮이었다. 노인정 앞 놀이터에서 힘차게 팔을 흔들며 걷는 그 노인을 만났다. 가까이 다가갔는데도 나를 알아보지 못했다. 잠긴 현관 열어주던 날 주겠다고 우기던 오천 원이 순간 스치고 지나갔다. 눈이 마주쳤고 아는 사람 만나면 하듯 이미 내가 미소를 지었으니 그냥 돌아설 수도 없었다. 하여 의례적으로 영혼 없는 인사말을 그냥 불쑥 건넸다.

"운동하시네요. 날씨가 아직도 더워요."

그날의 일은 하얗게 잊었지만 어쩐지 낯이 익었던 모양, 여느 이웃에게 하듯 노인은 미소를 지으면서 가볍게 응수했다.

"아이구우~ 워째 이르키 더웅겨. 아~ 놀러와유."

어딜 놀러오라는 것일까.

7일간의 산책
—저승을 엿보다

하나
'저승'이라고 쓰고 '완성'이라고 읽는다.

둘
 그날, 해가 서쪽으로 기울고 산 그림자가 손에 잡힐 듯 선명하게 강물에 잠겨 있었다. 주변에 인가도 없는데 높은 다리 위를 걷고 있는 노파가 있었다. 분명 보았는데 금세 사라졌다. 눈을 비비고 보아도 보이지 않았다. 강물에 손을 담그고 딴생각을 하다가 다시 다리 위를 올려다보았다. 이번엔 등짐을 진 중늙은이가 나를 내려다보며 따라오라는 듯 느릿느릿 걷고 있었다. 이십여 년 전 잠시 쉬기 위해 차에서 내려 앉아있던 곳인데, 어디였는지 누가 곁에 있었는지 도무지 기억나지 않는다. 그곳은 산천이 맞닿은 명미(明媚)한 강가였다. 꿈이었나? 삼도천(三途川)에 손을 담갔던가? 등짐 진 이는 왜 나를 보며 천천히 걸었을까. 그는 누구였을까. 여긴 이승인가 저승인가.

셋

 안락사가 합법화된 스위스에는 자살을 돕는(조력자살: 의사가 약물을 처방하고 본인이 투여) '디그니타스'라는 단체가 운영하는 '블루하우스'가 있다고 한다. 외국인에게도 개방된 그곳에서 호주의 과학자 104살 '데이비드 구달' 박사는 가족들이 지켜보는 가운데 2018년 5월 10일 생을 마감했다. 약물을 투여하기 직전 그에게 하고 싶은 말을 물었다. "이 일은 누구의 의견도 고려하지 않고 나 스스로 결정한 것이다. 많은 사람이 죽음에 대해 자유로운 시각을 갖게 되기를 소망한다. 안락사를 할 수 있는 기회를 얻게 되어 행복하다." 결정을 철회할 생각 없느냐 물었더니 전혀 없다고 했다. 마지막으로 듣고 싶은 음악은 베토벤 9번 교향곡이라며 「환희의 송가」를 유쾌하게 불렀다. 그리고 그는 의사가 처방한 약물의 버튼을 주저하지 않고 눌렀다. 우리나라는 언제 안락사가 합법화되려나.

넷

 영원히 산다면 무엇을 욕망하겠는가. 찰나 머물다 가는 세상이 발 딛는 곳마다 첩첩수심(疊疊愁心) 벼랑이다. 구약성서의 전도서에 '죽는 날은 태어나는 날보다 더 낫다.'라고 쓰여있고 '생명이 길면 재난도 많다.'는 스페인 속담도 있다. 나이 불문하고 잘 살 권리가 있듯 잘 죽을 권리도 있어야 마땅하다. 야금야금 죽어가는 자연사나 병사보다 자살이 더 철학적이고 인간적이지 않나. 누구도 피해 갈 수 없는 낯설고 덧없는 길, 두 번이나 자살하려 했던 어머니처럼 사는 게 힘들어 나도 비밀리에 자살을 시도했으나 실패했다. 이 염세적인 사고는 어디서 비롯되었을까. 이제는 어찌할 방법 없이 이러구러 나이 들어가고 있다. 나는 의술로 절대 연명하지 않을 거다. 국민건강보험공단을 일부러 찾아가서 사전연명의료의향서에 거부 사인을 했다. 해도 소용없다고 말하는 이도 있지만, 사전연명의료 거부 사인이 잘 활용되기를 바란다.

다섯

나이를 꼽거나 죽음을 이야기하면 극도로 싫어하는 J는 시도 때도 없이 맛집을 찾아다니느라 바쁘다. 식도락 후에 오는 권태를 감추기 위해 바쁜 척하는 건 아닐까. 주름살 깊어지는 그에게 데이비드 구달 박사 이야기를 해주고 싶은데 듣기 싫어할 게 뻔하다. 그는 정말 죽고 싶은 적이 없었을까. 아니면 죽을까 봐 겁이 나는 걸까. 쇼펜하우어는 "가난이 없고 건강도 괜찮다면 일생 중에 가장 지내기 편안한 시기는 노년기"라고 했다. 부자였으며 사람보다 개를 좋아했다는 그는 또 "세상은 우리가 생각할 수 있는 최악의 것만 모여 사는 고뇌하는 영혼과 악마로 가득한 지옥"이라고도 했다. 최악의 세상에 편안한 노년기를 말하다니. 탄알 넣은 총을 머리맡에 두고 불이 날까 봐 2층에서 잠자지 않았다는 그가 자신의 말대로 노년기의 빨라진 자신의 시간 탓에 권태조차 느낄 수 없어 편안한 시기라고 말했던 건 아닐까. 실제 편안한 것과 감각이 둔해져서 불편을 느낄 수 없어 편안한 건 개념이 다를 터이니 말이다. 노화도 병이라고 했다. 병에 걸렸는데 어떻게 편할 수 있나. 내 어머니 모습이 그러했듯 편안한 표정의 노인을 본 기억이 없다. 어머니가 간 길을 나도 따라가며 표면화되는 노화의 불편을 조금씩 실감하고 있다. 돋보기 없이 책을 읽지 못하고 쉽게 피로하고 불면증은 더욱 심해졌다. 괴테는 『파우스트』에서 "내 가슴에는 두 영혼이 살고 있다."고 했다. 내 가슴에도 늙은이와 젊은이가 함께 살고 있다. 그런 와중에 낯선 노병(老病)은 점점 깊어질 것이다. 하여 언젠가 젊은 영혼은 흔적 없이 사라지고 한 점 깃털 닮은 늙은이만 오롯이 남을 것이다.

여섯

벗어나고 싶은 일상에서 생일이 언제냐고 물으면 나는 답하지 않는다. 생일이 거북스럽고 생일잔치라는 말은 더 거북스럽다. 이유 없이 태어난 날을 잔치하다니, 위로나 격려가 더 어울리지 않나. 근거 없이 나를 세상에 부려놓은 부모를 원망한 적도 있다. 그런데 이럴 수가, 지리멸렬한 세상에 내 부모가 그러했듯 나도 무책임하고 무모하게 생명을 탄생시켰다. 아무 생각도 없이 본능대로 그랬다. 되돌릴 수 없는 죄를 저질렀다. 죽음은, 죽은 이를 사랑한 살아남은 자의 고통이라고 몽테뉴는 말했다. 고통을 어떻게 말로 표현할 수 있겠는가. 제 누나를 잃고 어쩔 줄 몰라 쓰러져 우는 아들 모습을 보면서도 밥을 먹고 숨을 쉬었다. 절망이라고 말할 수 있는 절망은 절망이 아니다. 내 고통이 심해 모른척할 때도 있었다. 나는 죄인이다. 여태도 그러했고 앞으로도 아들에게 죄인된 심정으로 살 수밖에 없다. 날씨가 더우면 더워서 미안하고 추우면 추워서 미안하고 또 미안하다. 어찌 그뿐이겠는가. 제 일 하면서 하루하루 사는 것도 안쓰럽지만 말년을 또 어떻게 헤쳐나가려나 염려된다. 그 애가 마주할 나의 마지막도, 내가 모를 언젠가 올 그 애의 마지막도 생각하면 가슴 꾹 찔리듯 아프다. 살아있는 한 벗어날 수 없는 혹독하고 불편한 굴레다.

일곱

가으내 꽃처럼 피어있던 홍시
똥덩어리처럼 변신하여 동면에 들었다
함박눈 내리고 까치가 쪼아대도 꿈쩍 안 했다

봄이 성큼 다가와 동면에 든 그를 흔들었다
아무리 흔들어도 그는 깨어나지 않았다
목 떨어져라 그 광경 지켜보다 깜빡 졸았다

조는 사이 가을 깊어져 환하게 홍시 다시 피어나고

말라비틀어진 그는 나무 아래 나뒹굴고 있었다
그가 꽃 같은 홍시였다는 걸 사람들은 다 잊었다

그를 주워 쪼글쪼글한 살 속 깊이 파고 들어가
달콤한 동면에 들었다 똥덩어리처럼 변신했다
명년 가을쯤 나도 내가 사람이었다는 걸 잊을 수 있겠다

―「변신」(2006)

  세상에 변하지 않는 건 없다. 단 한 가지, 우리가 언젠가 죽는다는 건 변하지 않는다. 만휘군상(萬彙群象)의 이치를 이해하면서, 피할 수 없는 길임을 알면서 바보같이, 어머니처럼 늙어가는 나를 나는 비통해한다. 어머니가 거울 속에서 비통해하는 나를 무시로 빤히 바라본다. 낯선 어머니와 눈 맞추며 오늘도 나는 미소망상(微小妄想)에 시달린다.

뿌리 불러오기

프롤로그

프로이드는, 아동의 초기 경험이 정서 발달에 큰 영향을 주며 사회성과 성격이 형성됨을 주장했다. 그래서인지 처음 만나는 사람은 어디에서 나고 자랐는지를 궁금해하고 약력에 출생지를 쓰기도 한다. '충청북도 보은군 회남면 법수리', 다정하고 평화롭던 내 고향은 대청댐이 완공되면서 뒷동산까지 수몰되었다. 온갖 사연을 뭉뚱그려 싸안고 동네 사람들은 사방으로 뿔뿔이 흩어졌다. 계절은 쉼 없이 오고 가도 고향을 그리워하는 나의 마음은 그곳에 멈추어 있다. 멈춘 한끝을 잡아 슬쩍 당기면 사계절 싱싱한 추억들이 출렁출렁 딸려 나온다.

겨울

정월 대보름에는 세 집 이상의 성이 다른 집 밥을 먹어야 그해 운이 좋다고 하는 풍습이 있다. 내 고향에서 그 풍습은, 남의 집

부엌에 몰래 들어가 밥을 훔치는 청소년들 놀이로 변했다. 훔친 밥과 나물을 양푼에 담아 함께 비벼 먹으며 휘영청 밝은 달밤을 밤도와 놀았다. 어른들은 일부러 부뚜막에 밥 한 그릇과 묵나물 등을 두기도 하고, 기척이 나면 알고 있다는 듯 큰기침을 했다. 대전으로 유학한 열세 살 나는 방학이 되면 한 달 내내 시골집에서 지냈다. 특히 겨울방학 때 설을 만나면 더더욱 좋았다. 설 지나고 대보름 때까지는 명절 분위기라서 널도 뛰고 친척 오빠나 아저씨들이 모이는 사랑방에도 놀러 다녔다.

  아마도 보름 전날이거나 보름날이었을 것이다. 아랫집 수영이네 사랑방이 시끌시끌해 내려가 봤더니 명자 정숙이 큰 영순이 수관이 수권이, 동갑내기 친구들이 다 모여 밥 훔칠 모사를 꾸미고 있었다. 나도 합세했다. 친구들 꽁무니에 붙어 두근거리는 맘을 부둥켜안고 키들키들 웃으며 따라갔다. 담장이나 사립문이 없거나 부엌문을 열어도 소리가 나지 않는 집을 찾아 도둑고양이들처럼 골목을 누볐다. 부엌문이 거적인 우영이네 집이 우리 레이더에 걸렸다. 나머지는 망을 보고 둘이서 행동했다. 양푼을 든 명자 꽁무니를 따라 키 작은 내가 살금살금 부엌으로 들어갔다. 부엌문을 들추니 달빛이 밝아 부뚜막과 살림살이가 희미하게 보였다. 아무것에도 손대지 않았는데 천장에서 무엇인가 뚝 떨어졌다. 쥐였다. 발 잘못 디딘 쥐도 놀라 찍~ 하며 도망가고 우리는 더 놀라 후다닥 뛰어나왔다. 우영이 아버지가 금세 문을 열고 나와 부엌문을 들추고 들여다보았다. 우린 부엌 뒤켠에 숨어 곧 터질 것 같은 웃음보따리를 움켜쥔 채 숨도 크게 쉬지 못하고 있었다. 뜰팡에 쪼그리고 앉아 담배를 한 대 피운 우영이 아버지가 방에 들어가는 걸 본 후에야 웃음보를 터트리며 잽싸게 도망쳤다. 그날 밤 밥 훔쳐먹는 일은 천장에서 추락한 쥐 때문에 허사였다.

봄

이웃에 사는 영순이는 당고모지만 동갑이라서 항상 붙어 다녔다. 키 작은 나보다 더 작아 별명이 땅꼬마였다. 햇살 소복하게 내려앉은 토담 아래서 봉숭아를 짓찧어 손톱에 올려놓고 서로 묶어주기도 하고, 광에 몰래 들어가 조막손으로 쌀을 한 줌 집어다 납작한 돌 위에 올려놓고 홀홀 밥 먹는 시늉을 하며 놀았다. 소꿉놀이에 쓰려고 깨진 사기그릇을 주워 들고 뛰어가다 넘어져 깊게 찢긴 손목에 갑오징어 뼛가루를 발라 묶고도 노는 걸 멈추지 않았다. 그때 생긴 손목 흉터는 몸집이 커지는 대로 넓어져 자해한 흔적처럼 지금도 또렷이 남아있다.

모내기 철에는 어른 없는 부엌에 둘이 몰래 들어가 막걸리 거르고 남은 술지게미에 사카린을 섞어 배가 부르게 나눠 먹었다. 동물은 어지럼증을 즐기는 본능이 있다는데, 본능에 충실하던 우리는 햇볕 가득한 툇마루에 나란히 누워 기우뚱거리는 구름과 처마를 올려다보며 키득거리다 낮잠에 빠져들기도 했다. 허드레 그릇에 담아놓은 술지게미를 먹은 닭들도 처마 밑에 앉아 우리처럼 깜빡깜빡 졸았다. 그땐 밀주 담그는 걸 감시하는 산림감시원이 있었다. 그들이 마을에 왔다는 말이 돌면 허둥대는 할머니 치마꼬리를 붙잡고 울며불며 따라다녔다. 산감이라 불리던 그들은 뿔이 난 도깨비라서 사람을 다 잡아가는 줄 알았다. 밀주단지는 나뭇간에 파놓은 구덩이에 숨기고 천장까지 소나무 가지를 쌓았다. 어떤 집은 금줄(출산 후 삽짝에 3주 동안 걸어놓았던 외부인 출입금지 신호인 새끼줄. 새끼줄엔 숯과 솔가지와, 아들일 경우 붉은 고추를 꽂았다.)을 쳐놓기도 했다. 울면 산감이 잡아간다는 할아버지의 으름장에 울음을 참아가며 나뭇간에 온 신경을 모은 채 오도카니 마루 끝에 앉아 두려움에 떨고 있었다. 영순은 해가 질 때까지 내 곁을 지켜주었다. 다저녁때 낯선 아저씨 두 명이 와서 할머니와 우스갯소리를 하고 가긴 했어도 도깨비는 오지 않았고 아무 일도 일어나지 않았다.

여름

사춘기 때였을 것이다. 친구들은 공장에 돈 벌러 가서 없고 방학 때 집에 가면 같이 놀 친구가 없었다. 언니 또래인 이웃 당숙이 닭서리를 할 거라며 수권네 사랑방으로 나를 데리고 갔다. 가마솥에 물도 끓여놓고 이미 준비를 마친 상태였다. 개구쟁이 수권이는 몸집이 작고 날렵한 전위대 공격수였다. 달이 지길 기다렸다가 권씨네 안마당 닭장 문을 살금살금 열고 들어갔다. 순간 닭들이 푸드덕거리고 난리가 났다. 권씨가 부리나케 나와 빼꼼 열린 닭장 문을 철컥 걸더니 주변을 살피며 돌아다녔다. 수권이는 꼼짝없이 닭장에 갇히고 말았다. 당숙이 이웃동네에 어떤 사람이 닭서리하다 들켜 족제비가 물어간 닭까지 몽땅 물어주었다는 소문도 있으니 들키면 큰일이라고 소곤소곤 걱정했다. 웃음을 참느라 힘들었지만 도망도 못 가고 모두 숨을 죽이고 울타리에 바싹 붙어 있었다. 마당을 어슬렁거리던 권씨가 들어간 후 조금 기다렸다가 또래인 수영이 살금살금 닭장으로 다가가 문을 열어주었다. 수권이 닭 한 마리 모가지를 비틀어 쥐고 나왔.

황가 집성촌에 사는 권씨는 간혹 그렇게 표적이 되곤 했다. 어느 날은 그의 밭에서 포도를 한 자루 따오기도 했는데 입담 좋은 은순 언니와 내가 바람잡이였다. 포도 얻어먹으러 온 양 우리는 그를 원두막에 붙잡아놓고 수다를 떨었다. 그 사이 일행이 밭 끄트머리에서 포도 서리를 했다. 그리고 뻐꾸기 소리를 한두 번 하면 성공했다는 신호. 권씨에게 대충 인사하고 달려가 일행과 합류했다. 참외나 수박 서리 몇 개씩은 예사였고, 어느 해 여름에는 윗동네까지 가서 감자를 한 자루 캐다가 쪄먹기도 했다. 청년들의 서리는 꼬맹이들과 다르게 무서울 정도로 과감했다. 지금 생각하면 어이없는 일이지만 그 시절엔 놀잇감이었다. 서리맞았다는 이는 보았어도 서리했다고 감옥 간 이를 본 적도 들은 적도 없다.

가을

할머니가 빼먹지 말라고 했는데 뒤꼍 처마 밑에 총총 매달아 놓은 곶감을 할아버지가 빼먹고 있었다. 그 모습 몰래 본 나는 식구들이 없는 틈에 콩콩 뛰는 가슴을 누르며 막대기를 이용해 할아버지처럼 하나 빼먹어 보았다. 달콤한 맛에 이끌려 다음날도 막대기를 들고 살금살금 뒤꼍으로 갔다. 그곳에서 할아버지와 딱 마주쳤다. 서로 눈 질끈 감고 나는 뒷마루에 서서 할아버지는 처마 밑에 서서 함께 딱 한 개씩 빼먹었다. 할아버지는 내게 절대 할머니에게 말하면 안 된다고 새끼손가락을 걸라고 했다. 그 후 곶감이 자꾸 없어진다고 구시렁거리는 할머니를 모른 체했다. 아침 일찍 감나무 밑에 홍시 주우러 갈 때도 나는 할아버지를 졸졸 따라다녔다. 할아버지가 손바닥으로 깨끗이 닦아 내 입에 넣어주던 홍시는 세상에서 최고로 맛있는 간식이었다. 할아버지와 나는 한 팀이 되었다. 초등학교 입학할 때까지 그랬다.

　봄가을이면 할아버지 꼴지게에는 들꽃이 한 움큼 항상 꽂혀있었다. 마당에 꼴짐을 부려놓고 꽃을 들어 보여주며 "어이, 시원한 물 한 바가지!" 했다. 샘에 가서 시원한 물을 길어 두레박째 들고 뛰어오면 출출 새는 두레박에 입을 대고 벌떡벌떡 물을 마시고 손에 꽃을 쥐여 주었다. 꽃병이 없으니 울타리 가까이 땅을 파고 나란히 꽂았다. 그리고 큰일이라도 하듯 진지하게 샘물을 길어다 부어주곤 했다.

그리고 작별

　밑도 끝도 없는 수상한 소문이 나돌기 시작했다. 어디선가 강을 막아 우리 동네가 물에 잠긴다는 거였다. 초등학생 때부터 그 말을 들은 거 같다. 상상만으로도 무서운, 도무지 이해할 수 없는 일이었다. 소문이 돈 지 10여 년 후 그 일은 현실이 되었다. 순한 동네 사람들은 말 한마디 못 하고 어떻게든 살 궁리를 하느라 날이 갈수록 인심이 흉흉해졌다. 소작농가는 더더욱 막막할 노릇이지만 머리띠 두르고 시위할 줄도 몰랐다. 승서 대부는 한집 한집 떠날 때마다 이삿짐을 챙겨주고 술에 취한 채 입을 꾹 다물고 비틀거리며 돌아갔다. 그러던 어느 날 그가 농약을 들이켜고 말았다. 꼭대기 집 종미네 할머니는 바람난 아들 믿고 도시에 가서 얹혀사느니 죽는 게 낫다고 노래를 부르더니 결국 시렁에 목을 맸다.

  마을 사람들은 쥐꼬리만한 보상금을 받아쥐고 손때 묻은 농기구들은 헛간에 버려둔 채 하나둘 떠나기 시작했다. 고물장수들은 왜 그렇게 득시글대던지, 모두 낯설고 무서웠다. 동네는 점점 쑥대밭이 되어갔다. 달걀귀신이 뒤꿈치 깨물 것 같아 뒷걸음질하던 골목은 더 무섭게 정적이 감돌았다. 면사무소 직원들은 재촉하듯 이사 갈 날짜를 받아 갔다. 어떤 집이 이사하면 그들은 빈집을 무너뜨리고 두고 간 항아리를 곡괭이로 모두 부수었다. 남아있던 간장이 바람에 실려 고샅을 오래 맴돌았다. "이눔덜아, 워디 가서 살란 말여! 이 쥑일 놈들아!" 술에 취한 바디울할아버지는 동네가 들썩이도록 고함을 질러대며 불안한 사람들 마음을 매일같이 휘저어놓았다. 이사하기 전 세상 떠난 나의 할아버지는 물에 잠기지 않을 만큼 높은 고향 종중산에 묻혔다.

수몰된 내 고향 대청호 끊어진 길 끝에서 주워온, 누군가 쓰다 버리고 간 숫돌, 못 사는 집 칼은 더 무딘 거라며 한풀이하듯 칼을 갈던 김씨, 반쪽이 되도록 갈아 쓰던 목숨, 그리운 그 목숨들은 지금 어느 비탈진 그늘에 뿌리 내렸을까. 숫돌처럼 내동댕이쳐진 고향 사람들, 숫돌을 만지면 들리는 한숨소리, 막 갈아놓은 칼처럼 삼십 년도 더 지난 지금도 시퍼렇게 겨울밤을 벼리는 소리.

—「실향일기_숫돌을 만지면」(1996)

이사하던 1980년 여름, 아버지는 당신이 나고 자라고 손수 증축하며 살던 집에 불을 놓았다. 그날 그 시간 어떤 마음이었을지 짐작만 할 뿐이다. 내 고향은 그렇게 대청댐(대전 대덕구 신탄진동과 충북 청원군 현도면 하석리 사이의 금강 본류를 가로지른 댐. 1975년 3월에 공사를 착수하여 1981년 6월 완공)에 수몰되어 기억 속으로 사라졌다. 그 후 들려오는 고향 사람들 소식은 기쁨보다 슬픔이 더 많았다. 누구는 병명도 없이 시름시름 앓다 죽고, 누구는 자살하고, 누구는 고향 뒷산 부모님 묘지에서 죽은 채 발견되고, 누구는 고물을 주우러 다니고, 또 재수 좋은 누구는 보상금으로 땅을 사 부자가 되고……. 온갖 소문이 꼬리에 꼬리를 물고 잊을 만하면 들려오곤 했다. 그리고 그들은 죽어서야 고향으로 돌아갔다. 까마득히 높았던 고향 뒷산 너머는 마을 사람들 공동묘지가 되었다.

에필로그

즐겁던 기억은 대부분 사라지고 아픈 기억은 사는 내내 꼬리표처럼 따라다닌다. 통점을 파고들다 보면 나도 모르는 사이 고향의 호숫가에 서 있다. 끊어진 길 끝에 쪼그리고 앉아 목청껏 할아버지를 부르다가 물속으로 걸어 들어가고 싶은 충동을 느끼기도 한다. 친구들과 웃통 벗고 물놀이하는 강물, 숨바꼭질하는 고샅, 되새김질하는 외양간 소, 모깃불 모락모락 피어오르는 마당이 눈앞에 어른거린다. 할머니 무릎 베고 누워 은하수가 별이라는 말을 처음 들은 꼬맹이 황희순의 똘망똘망한 눈이 보인다. 동네 앞에 강이 있듯 하늘에는 은하수라는 강이 있는 줄 알았다. 그곳에서 움튼 나의 시(詩)는, 열세 살 이후 줄곧 따라다니는 축축한 구름을 뚫고 피어난 꽃이다.

제3부

사바아사나

고통의 색깔은 헤아릴 수 없이 많다. 정신적 고통은 복잡하니 얘기하지 않기로 하고, 육신의 고통은 희한하게 시간이 지나면 잊는다. 여성만이 겪는 출산의 고통을 예로 들어도 그렇다. 아이가 자라는 모습을 보면서 까마득히 잊고 출산을 또 준비한다. 한때 나는 인체의 대들보인 허리를 앓은 적 있다. 어떤 기관이든 고장나면 힘들지만 특히 허리는 조금만 아파도 일상생활이 불편해진다. 성석제는 소설 『인간적이다』에서, "인체에서 '리'자로 끝나는 대표적인 기관은 머리, 허리, 다리다. 머리는 하늘에 가깝고 다리는 땅에 닿아 있으니 이상과 현실, 계획과 실천, 형이상학과 형이하학은 다 머리와 다리 하기에 달렸다. 하지만 허리가 없으면 두 기관은 따로 놀 수밖에 없다."고 했다.

세상과 나 사이에 높이 담을 쌓아놓고 병적(病的)으로 책만 읽던 시절이 있었다. 깜깜한 터널을 통과하며 눈 둘 곳을 찾지 못하다가 책 속으로 나를 밀어 넣었던 것이다. 재미나 취향 따위는 생각할 겨를 없이 손에 잡히는 대로, 마지막 쪽 끄트머리 문장부호까지 싹싹 핥아먹듯 읽어댔다. 곁방에 엎드려 책을 읽다 보니 허리가 아프고 몸이 야위어갔다. 의사는 척추 4번과 5번 사이 디스크가 밀려나 문제가 생겼다고 했다. 앉아있으면 통증이 더 심해 일 년이 넘도록 비루먹은 개처럼 동네 골목을 서성거리며 책을 읽었다.

  물리치료사가 가슴을 염하듯 묶어 침대에 고정시킨다 엉덩이 묶은 줄을 기계가 잡아당긴다 우지직 허리가 늘어난다 윗몸과 아랫몸이 따로 논다 그의 사랑 생각하는 가슴과 그의 몸 생각하는 아랫도리가 말을 듣지 않는다 못을 박는 듯한 허리 통증이 잠시도 멈추질 않는다 침대가 조금씩 갈라지기 시작한다 당겨진 아랫도리가 몸에서 쑥 뽑혀 병실을 걸어 나간다 꽁꽁 묶인 겨드랑이께가 근질근질하다 이젠 정말 가볍게 날 수 있겠다
  두 동강 난 몸을 물끄러미 바라보며 나는 나를 견인 중이다
―「나를 견인 중이다」(2006)

물리치료를 하루에 두 번 받아도 효과가 없어 삶에 대한 의지가 희미해져 갈 즈음 동네 약국 약사가 통증클리닉을 가보라는 조언을 해줬다. 그 말을 듣고 처음으로 가본 통증클리닉 의사가 신경차단시술을 세 번 받고도 낫지 않으면 수술해야 한다고 했다. 첫 번째 신경차단시술 후 거짓말같이 통증이 가라앉아 바로 요가를

시작했다.

  2003년 가을, 처음 찾은 가까운 동구문화원 요가교실 첫 수업 느낌은 특별했다. 한동안 은둔하듯 살다 얼떨결에 낯선 사람들 틈에 파묻혀 둔해진 숨을 고르려니 겸연쩍었고, 내가 외계인이거나 허수아비만 같았다. 본래 좌우 구별도 못 하는 데다 팔다리도 남의 것인 양 맘 먹은 대로 움직여지질 않았다. 강사가 하라는 대로 내 손이나 발이 잘 따라가고 있는 건지 제자리에 있기나 한 건지 눈으로 확인해야 했다.

  요가 동작은 아프고 힘이 많이 들어서 반년 정도는 자학을 버무려 벌(罰) 받듯 따라 했고 그 후로는 할 수 있는 동작을 정확하게 하려고 노력했다. 요가 강사는 통증을 견디는 것이 바로 수행이라고 했다. 그렇게 한 삼 년을 일주일에 두 번 한 시간 반씩 거르지 않고 따라가다 보니 시시각각 비명을 지르던 허리는 고요해지고 몸도 마음도 유연해졌다. 기운이 좋아지니 자신감도 조금 생겨 쌓아놓았던 담을 허물고 다시 시(詩)와 적극적으로 소통했다.

  그 시절 동구문화원 요가교실은 전통예절도 교육하는 곳이었다. 장례예절, 혼례예절, 차예절 등에 필요한 도구가 준비되어 있었다. 그 중 장례예절에 필요한 실제 관(棺)도 창가에 늘 놓여있었다. 어둔 터널을 통과하는 중에 만난 관은 나의 시선을 붙잡기에 충분했다. 삶과 죽음은 들숨과 날숨 사이에 있는 것이니, 요가 마지막 순서인 사바아사나(Savasana, 휴식자세/송장자세)할 때에는 바로 옆에 놓인 관 속에 누워있는 상상을 하곤 했다. 휴식을 잘 취하고 있을 때 몸의 에너지와 장기들은 더 활발해진다고 한다. 우리의 궁극적인 목표는 영원한 휴식, 몸과 마음에 진정한 휴식을 주는 사바아사나 아닌가.

   의식은 깨워둔 채 온몸을 바닥에 모두 내려놓습니다. 숨을 깊이 들이마시고 멈췄다가 길게 내쉽니다. 주검처럼 누워 깜빡 쉬는 사이, 들숨과 날숨 너머 棺이 삐꺽 열립니다. 돌아누울 여백조차 없는 이승과 저승의 경계가 텅 비어있습니다. 뼈에 박힌 못을 하나씩 뽑아 텅 빈 경계에 징검다리를 놓습니다. 가벼워진 손가락 발가락을 꼼틀거리며 다시 산 사람들 틈에 슬쩍 끼어듭니다. 못으로 놓은 징검다리를 건너 다시는 산 사람들 틈에 끼어들지 않아도 될 그날이 오늘이면 좋겠습니다. 나마스떼.

—「사바아사나」(2013)

요가 마니아인 나는 그동안 요가로 많은 것을 얻었다. 육신은 물론 정신 건강도 좋아졌다. 최근엔 아픈 곳이 없어 조금 게을러졌지만 10년이 넘도록 게으름 부리지 않고 열심히 익혔으니 몸에 필요한 동작을 집에서도 집중할 만큼 여유가 생겼다. 삼사십 대에 노년 이야기를 하면 시를 쓰고 독서를 하며 살 거라고 호기롭게 말했다. 처음 겪어보는 어설픈 육십 대, —현대의학은 육십 세부터 노년기라 하니— 그 두 가지 일을 언제까지 할 수 있을지 의문이 생긴다. 독서야 살살 하면 되지만 시는 살살 써서 되는 게 아니므로 쉽지 않을 거 같다.

생물학자 모토카와 다쓰오는 『코끼리의 시간, 쥐의 시간』에 다음과 같이 썼다. "포유류에 속하는 동물은 모두 평생 심장이 약 20억 번 뛰고, (……) 5억 번 숨을 들이마시고 내쉰다. 동물은 몸의 크기에 상관없이 대부분 같은 값을 나타낸다." 코끼리가 쥐보다 수명(壽命)이 몇 배 길지만 심장 박동수로 잰다면 똑같은 길이만큼 살다가 죽는 셈이다. 코끼리나 쥐나 모두 그냥 각자의 시간을 살고 있을 뿐, 시간의 길이를 이야기하는 건 의미가 없다는 것이다.

혼자 잘 놀아야 잘 사는 거라 했다. 덧없이 흘러가는 시간, 이제 몸과 마음이 시키는 대로 단출하게, 안 되는 걸 되게 하려고 애쓰지 말아야지. 늙어가는 나와 늙기 싫어하는 나와 긴밀히 타협 중이다.

아무것도 아닌, 나를 위한 비가(悲歌)
—『미끼』(2013)에 대한 변(辨)

지난 초겨울이었다. 삼 년 만에 또 삭발한 머리에 모자를 푹 눌러쓰고 금요장터를 어슬렁거리고 있었다. 누군가 뒤에서 "황희순 씨!" 했다. 귀를 의심하며 무심코 멈칫했다. 한 발짝 떼자 또 "황희순 씨!" 했다. 내가 황희순이라는 걸 누가 알아챈 걸까. 잠시 망설이다 뒤를 돌아봤다. 아, 거기! 서른 살 황희순이 서 있었다. 버리고 싶었는데, 잊고 싶었는데, 하여 삭발까지 했는데, 지난 기억을 하나도 놓지 못하고 있었다. 우린 조금 겸연쩍게 조금 반갑게 조금 싱겁게 조금 아쉽게 인사를 나누고 헤어졌다. 그리고 겨우내 속앓이했다.

철없이 아이를 기르던, 아이를 기르다 몸을 잠근, 몸 잠근 열쇠를 잃어버린, 열쇠 찾아 하수구만 뒤지던, 매일 밤 겨드랑이에 날개를 그렸다 지우던, 폭식과 거식을 반복하던, 막차 놓치는 꿈만 꾸던, 울음과 웃음을 분간 못하던, 슬픔만 파먹던, 죽을힘 다해 찾은 열쇠로 몸을 열었던, 활짝 연 몸 착착 접어 장롱에 감추던, 장롱에 들어서야 비로소 숨을 고르던 서른 살 황희순이 20년을 한달음에 건너와 어깨를 툭 친다. 쉰 살의 적막을 흔들흔들 오가는 황희순이 비밀번호도 없이 열린다. 머리꼭지까지 고인 엄동의 바람이 피식 빠져나간다. 쭉정이 늙은 봄이 곧 또 올 것이다.

—「갇힌 기억들」 전문

"세상과의 모든 유대를 차단한 채 징그러운 슬픔과 상처를 온몸에 둘둘 말고 장롱 속으로, 무덤 속으로 유랑해 온 오십 세의 여자"(엄경희 해설)가 싫어 죽고 싶었다. 아이를 기르던 서른 살 황희순이 미치게 그리웠다. 이별과 상실에 뒤따르는 마음의 상태를 프로이드는 애도작업 중이라고 했다. 애도작업을 잘해야 주체적이고 자율적인 성숙된 사람이 될 수 있다는데 나는 그 일을 잘 해내지 못하고 있었다. 다 자란 아이를 잃고 시작된 나의 애도작업은 십몇 년이 지나도 여전히 진행 중이었다. 징그러운 슬픔의 덩어리를 그만 놓아버리고 싶었다. 내가 선택한 방법은 무엇이든 싹둑싹둑 잘라내거나 몸속에 욱여넣는 일이었다.

한때 나는 고물상 주인이었다. 매일매일 고물 그러모으는 게 일이었다. 찾아오는 이들은 하나같이 삐뚜름한 인상을 하고 있었다. 쓰는 물건도 그런 것들로 채워져 갔다. 마당을 맴돌던 돌개바람은 그림자를 물고 울 너머로 날아갔다. 그럴 때마다 뒤꿈치가 들썩거렸다. 해가 바뀌어도 고물상은 햇볕이 들지 않았다. 서른 갓 넘긴 그때부터 나는 낡아가기 시작했다. 고물장수도 주워가지 않는 시시한 詩나 끼적대며 수위를 조절했다. 바닥이 보일까봐 거울 안 본 지 오래, 어두운 쪽으로 목이 자꾸 길어졌다. 길어지는 목을 수시로 베어 詩 속에 욱여넣고 봉했다. 하여 사십 줄을 머리 없이 살았다. 다시 피돌기 시작한 이 머리는 새로 돋은 거다.

—「고백하자면」 전문

"독하고 모질어 나는 내가 못쓰게 된 줄 알았"(「날선, 혹은 낯선」)다. "죽었나 살았나, 왜 아프지 않은가."(「통점」). 나는 나를 의심하며 관음증 환자처럼 저승을 기웃대고 있었다. 이젠 이 땅에 "더 이상 디딜 곳 없어 발을 잘라 몸속 깊이 숨"(「길의 배경」)기고 조금씩 둥그러지기 시작했다.

처음 만난 사람이 새끼손가락을 떼어갔다 다음 사람이 귀를 떼어갔다 다음은 입을 떼어갔다 눈을 떼어갔다 코를 떼어갔다 다음은 팔을 다리를 떼어갔다 잔머리 굴린다며 머리를 떼어갔다 그 다음 사람이 달걀귀신처럼 둥그러진 여자를 버렸다 버려진 여자는 아무데나 굴러다니며 한자리에 머물지 못했다 굴러다니다 만난 또 한 사람이 아직도 몸이 따뜻하다며 가슴을 열고 심장을 떼어갔다 어디에 부려놓아도 깨질 일 없는 여자는 이제 누구도 손댈 수 없는 사람이 되었다

—「미끼」 전문

엄경희는 "슬픔을 버리기 위한 가학이 기괴한 귀신의 형상을 낳고 있"다고 했다.
나는 정말 사람이기나 한 것인가?

나를 사가세요. 부위별로 팝니다. 흐벅지진 않지만 오십여 년 숙성된 살이 말랑말랑할 거예요. 세상을 휘젓고 다닌 팔과 다리는 좀 싸게 팔아요. 엉덩이에 난 바람구멍은 살짝 도려내고 드세요. 가슴에 영영 메울 수 없는 구멍을 만들지도 몰라요. 젖가슴과 허벅지는 할인되지 않아요. 입술은 혀를 끼워 팝니다. 혀 없는 입술은 좀 싱거울 테니까요. 갈비뼈 사이에 아팠던 흔적이 사리처럼 끼어있을 거예요. 약이라 생각하고 꼭꼭 씹어 드세요. 간장은 다 녹아 못쓰게 됐을 거예요. 진창도 풍덩풍덩 밟았던 발과 아무나 덥석덥석 잡았던 손이 문제군요. 아랫도리를 통째로 사가면 손은 덤으로 드릴게요. 잠 안 오는 밤 혹시 위안이 될지 모르니까요. 발은 팔지 않을래요. 갈 곳이 있거든요. 꼭 한번은 만나야 할 사람이 있어요. 껍질은 살살 벗기세요. 입맛에 맞게 회를 뜨든지 탄력이 없다 싶으면 소금구이해 드세요. 뼈는 잘 고아 조금씩 마셔요. 뼛속 깊이 사무쳤던 일 많아 독이 있을지 몰라요. 아, 당신이군요. 어떤 부위를 잘라드릴까요.

—「부위별로 팔아요」 전문

결국 나를 해체하여 부위별로 다 팔아치우고, "남이 보거나 말 거나, 막다른 길이거나 말거나"(「늦었거나 늙었거나」) 마음 내키는 대로 가보기로 했다. 그 길에서, 청개구리의 "손톱만 한 초록색 등에 노란 날개를 그려 넣"(「아무것도 아닌」)거나, "오백 년 전 사라졌을지도 모를 별, 하늘을 바라 그 흐린 별빛이나 물어뜯으며 컹컹 노니는"(「명자꽃 피다」) 아무것도 아닌 나를 만났다. 그런데 이럴 수가, 이 무슨 불길한 조짐인가.

종말이 온다 해도 우주를 말하자면 인간은 티끌만도 못할 터. 하지만 애인아, 우리 튀자. 46억 년 묵은 지구는 너무 지겹지 않은가. 종말이 오기 전에 푸른빛이 도는 젊은 별을 찾아 줄행랑치자. 40억 년 전 이미 우리 사랑은 삼엽충 DNA 속에 숨어 있었던 것. 그러니 애인아, 그 별에서 하루를 백년처럼 야금야금 파먹으며 한 만년 살자.

―「到彼岸」부분

시름시름 낡아가는 내 안에 나도 모르는 사이 시가 꿈틀거리고 있었다. 그것이 나를 버티게 한 게 분명하다. 아니아니, 내가 시를 버티게 했던 거다. 하여 죽기 살기로 용기를 내어 『미끼』를 던졌다. 쉿! 누가 알겠는가, 살아야 할 이유 한 점이라도 낚게 될지.

저승 간 어머니는 이제 이승인지 저승인지 헷갈리지 않겠다. 몇 년 전 자살소동을 벌인 어머니의 유서를 허락도 안 받고 시 「여기가 어디일까요」에 그대로 인용했고, 철자법도 안 맞는 그 유서를 아직도 보관하고 있다. 이 불효 여식의 뜻도 모르는 시집을 머리맡에 두고 지내던 어머니, 새 책이 나왔는데…….

절망과 절망 사이

 그는 자주 도서관 가는 길목 전봇대에 등을 기대거나 두 팔을 쭉 뻗어 짚고 머리를 파묻고 서 있다. 표정을 볼 수는 없으나 무슨 생각에 골몰하는지 꼼짝하지 않고 진지하게 가슴만 들여다본다. 얼마나 오래 고개를 깊이 숙이고 살았는지 얼굴이 가슴을 파고들어 갈 듯 어깨가 구부정하다. 자폐, 그는 자신의 문을 꽁꽁 닫고 지나가는 사람에게는 관심이 없다. 약속이 있는 것처럼 언제나 빠른 걸음으로, 서 있을 때와 똑같은 자세로, 위태롭게 바닥을 뜯어낼 듯, 한눈팔지 않고 땅만 보며 걷는다. 꼭 고만큼만 걸어갔다 걸어오고 또 걸어갔다 걸어오기를 반복한다. 마주 오던 이들은 거침없이 다가오는 그를 보고 깜짝 놀라 멈칫 물러서 있다가 흘끔흘끔 경계하며 가던 길을 잰걸음으로 가거나 도망치듯 오던 길로 돌아가기도 한다.

 해가 뉘엿뉘엿 질 무렵이었다. 그날도 낮 동안 도서관에 있다가 가방을 두고 산책하러 가기 위해 늦은 오후 집으로 가는 중이었다.

하루도 빠짐없이 지나다니는 그 골목 그 전봇대를 지나고 있었다. 다른 날과 달리 주차된 누군가의 승용차 보닛 위에 막걸리 한 병을 놓고 엉덩이를 범퍼에 깊이 기대고 그가 서 있었다. 여전히 고개를 푹 숙인 채 무언가를 셈하듯 손가락을 큰 동작으로 오므렸다 폈다 하며 혼잣말을 하고 있었다. 자주 그와 마주쳤지만 막걸리 마시는 모습을 본 건 처음이었다. 얼굴이 불콰하니 술에 조금 취한 듯 평소 하지 않던 행동을 했다. 춤을 추듯 몸을 흔들고 누군가를 원망하듯 고개를 뒤로 젖히고 하늘을 향해 고함을 질렀다.

  그의 목소리를 듣고 얼굴을 정면에서 본 건 처음이었다. 나이는 사십쯤 되어 보이고 뽀얗고 여린 얼굴이었다. 지나가는 사람이 보든 말든 피해서 가든 말든 아무 관심이 없었다. 그날도 말끔한 운동화에 바지를 두어 번 접어 올리고 깨끗한 양말을 신고 있었다. 그는 보살핌을 잘 받는 누군가의 소중한 아들일 것이다.

  그를 보고 온 날은 우울하다. 가슴이 아프다. 하늘에 대고 고함을 지르던 그를 위해, 자기만의 세계에 갇혀 사는 모든 이를 위해, 오래전 해일처럼 몰려온 고통에서 벗어나지 못하고 갇혀 있는 나를 위해, 시를 지었다.

  이봐요,
  자기 가슴을 그렇게
  자세히 들여다보는 거 아니에요

그 안에 바닥없는 벼랑이 생길지 몰라요

다시 살고 싶어져도 제자리로 돌아갈 수 없어요

움푹 파인 당신의 절망과 절망과 절망 사이

계단이 있어요, 벼랑이 보이기 전에

한 계단 한 계단 밟고 올라서요

이 땅에 사람답게 필 기회

꼭 한 번뿐이에요

어서요

—「자폐」(2018)

  해결할 수 없는 어떤 일에 매몰된 자신의 가슴만 들여다보며 사는 사람이 어디 한둘이겠는가. 벌이니 업보니 하며 고뇌와 재앙을 자신이 그린 그림이라고 하는 종교도 있고, 그런 말을 고통을 받는 사람에게 직접 하는 이도 있다. 누가 그런 그림을 그리고 싶겠는가. 내가 그렸다 해도 이미 저질러진 일이니 어쩔 수가 없다. 불교는 삶을 '고통의 바다', 그리스도교는 '눈물의 골짜기'라고 묘사했다. 무엇을 누구를 원망하겠는가. 가슴에 빼곡히 못 자국처럼 찍힌 흔적들, 어떤 그림은 아무리 지우고 싶어도 지워지지 않고 깊어져 그곳으로 숨을 쉬기도 한다. 내 안에서 나도 모르게 지워진 건 또 얼마나 많겠는가. 기억은 다 어디로 흘러가는 걸까. 지워진 기억이 모인 곳은 아마도 생지옥일 거야. 또 봄이다. 발밑은 시시각각 어둠이 깊어지고 있다. 지워도 지워지지 않는 불편한 흔적들과 전투하며 어제 같은 오늘이 또 천방지방 지나간다. 폐소공포증 도지게 하는 먹구름 가득한 하늘, 비꽃이 떨어진다. 비야, 펑펑 쏟아져라.

비 오는 밤의 토크

 늦가을 늦은 오후 마트에 다녀오는 길이었다. 초로의 한 여인이 큰 식당 밖 구석에 쌓아놓은 빈 소주병 박스에 시선을 꽂은 채 잰걸음으로 다가갔다. 허리를 굽혀가며 이쪽저쪽 기웃거리더니 팔을 쭉 뻗어 병 하나를 꺼내 남은 소주를 홀짝 마셨다. 소주가 조금이라도 남아있는 병을 또 찾는 듯했다. 식당 안을 들여다보기도 하고 오가는 사람을 흘긋흘긋 쳐다보기도 하며 그녀는 몇 차례 고개를 한껏 뒤로 젖혀 병나발을 불었다. 그리고 제자리에서 잠시 머뭇거리다가 두 손을 쓱쓱 문지르고 입가를 훔치며 돌아섰다. 누가 보든 말든 만족스런 표정으로 바지춤을 추스르고 오른팔만 더 크게 휘저으며 갈 길을 갔다. 기우뚱한 그녀의 어깨가 사라질 때까지 나는 멍하니 바라보고 서 있었다.

 마력인지 매력인지 시작과 끝이 보이지 않는 술, 술은 세계보건기구에서 지정한 마약성 물질이다. 동물은 어지럼증을 즐기는 본능이 있다고 한다. 발효된 과일이나 약간 독성이 있는 열매를 먹기도 한다는 새나 쥐도, 빙글빙글 돌려주는 걸 즐거워하는 아기나 술을 마시고 취기를 즐기는 성인이나 본능이었던 거다. 승려들은 술을 곡차(穀茶), 반야탕(般若湯) 또는 지수(智水)라고 부른다. 반대로 술을 경계하는 의미에서는 미혼탕(迷魂湯), 화천(禍泉)이라고 한다. 곡차는 말 그대로 곡물로 빚어낸 차를 뜻하며 반야탕은 지혜의 물이라는 뜻이다. 술에 취하면 속세를 벗어난 느낌을 주니 그리 불렀다고 한다. 최초의 술은 포도주라고 한다. 일부 지역의 코끼리나 원숭이도 과일을 구덩이에 모아두었다가 발효되면 먹었다고 하니 더 자연친화적인 그들이 인간보다 먼저 술을 만들어 마시며 즐겼을지도 모른다.

다음은 『탈무드』에서 가져온 술에 관한 구절이다. ·처음 마시기 시작할 때는 양처럼 순해지고 더 마시게 되면 사자처럼 사나워지고 더 마시게 되면 원숭이처럼 춤추고 노래하고 계속 마시게 되면 돼지처럼 지저분하게 된다. ·악마가 인간을 찾아다니기 바쁠 때는 술을 보내기도 한다. ·아침에 늦게 일어나고 낮에 쓸모없는 일로 허비하고 저녁에 술을 마시면 일생을 간단히 헛되게 만들 수 있다. ·술이 들어가면 비밀이 밖으로 밀려 나온다.

1981년 군부독재 정권이 얽은 '한수산 필화사건'에 연루되어 보안사로 끌려가 온갖 고문을 당하고 풀려난 박정만 시인은 1988년 10월 2일 간경화로 세상을 떠난다. 그는 유고시집 『그 처절했던 고통의 시간들』의 '시인의 말'에 "1987년 6월과 8월 사이에 나는

500병 정도의 술을 처죽였다."고 썼다. 역대 노벨문학상 수상자 6명 중 4명이 알코올 중독자라 하니 이 또한 놀랍다. 마초적이던 어니스트 헤밍웨이에게 술은 기쁨이었다고 한다. 럼(Rum)을 좋아해 한 손에 술잔을 들고 글을 쓰기도 했다는 그는 알코올에 중독되어 자살로 생을 마감한다. 맨정신으로 쓴 소설은 시시하다고 했던 스콧 피츠제럴드는 "처음엔 당신이 술에 취하고 그다음엔 술이 술을 취하고 그다음엔 술이 당신을 취한다."고 했다. 진(Gin)을 좋아하던 그는 심장마비로 생을 마감한다. 셰익스피어 비극『오셀로』의 극 중 인물 캐시오는 술에 취해 다음과 같이 말한다. "인간이란 자기 머릿속을 훔쳐 가도록 입속에다 원수를 부어 넣는 존재"라며 "진탕 마시고 박수를 치면서 자신을 짐승으로 바꿔버린다."고 했다.

오래전부터 내 책꽂이 구석에는 술이 있다. 술을 마시기 시작한 이후 술 한잔 하자는 문우(文友)의 청을 특별한 일 없이 거절하지 않았다. 시와 술은 내게 같은 비중으로 삶을 지탱해 주는 버팀목이었고 고통을 비껴가는 자학적 수단이었다. 과음하기도 했던 오십 대 초 한 선배 소설가가, 황희순이 앉아있는 자리에선 김이 모락모락 나다가 활활 타오른다고 했다. 문학 행사 끝나고 식사하러 가면 그곳은 술 마시는 자리라고 해도 과언 아니었다. 술이 얼큰해지면 잘 웃고 얘기 잘하는 내 옆자리에 술꾼이 모이기 마련, 음주 여성이 드물다 보니 남성이 당연히 많았다.

불미(不美)한 잡음이 왜 없었겠는가. 한 문학행사 뒤풀이 자리에서 남성 문인 여섯 명과 생맥주를 마시고 있었다. 문단의 권력을 잡고 있다고 착각하며 오만방자하게 행동하는 K도 있었다. 따로 만난 적은 없어도 안 지는 꽤 되는 K가 내게 쓸데없는 말을 자꾸 걸었다. 오랜만에 만났는데 농담과 성적 수치심 느끼는 발언까지 남발했다. 화가 나서 자리를 뜰까 잠시 고민하다가 500cc 잔에 생맥주를 가득 채워 들고 그의 등 뒤로 조용히 걸어가 정수리에 쏟아부었다. 자리에 돌아와 앉으니 옆에 있던 Y가 잘했다고 작은 소리로 말했다. 맥주에 흠뻑 젖은 K가 내게 무슨 말인가 하려는 찰나 함께 있던 H가 벌떡 일어나 끌고 나갔다. 모두 얼마나 놀랐겠는가. 그 자리엔 나와 초면인 시인도 있었으니 미안하기도 했다. 소란은 그렇게 끝이 나고 술자리는 화기애애하게 이어졌다. 의협심이 많고 불의와 부당을 못 견디는 나의 성정은 술기운이 돌면 조금 더 과감해지고 직설적으로 말하는 탓에 웃기거나 불쾌한 에피소드가 몇 차례 있었다. 어떤 에피소드는 부풀려져 여전히 떠돌아다니기도 하지만 소문이란 본래 그런 것이다. 그 소문들이 내 삶에 지장을 준 적 없으니 누가 뭐라든 괘념치 않는다.

더 오래전인 사십 대 초반, 슬픔에 찌들어 처절하게 은둔하던 때가 있었다. 자정 가까이 되면 가족 몰래 살금살금 밖으로 나가 청하나 맥주를 사다 빨대로 빨아 마시며 자학했다. 그때 끄적여놓은 습작이 쉰 살에 발간한 세 번째 시집 『새가 날아간 자리』(2006)의 바탕이 되었다. 그 후로도 오랫동안 그 습관을 버리지 못해 네 번째 시집 『미끼』(2013)의 대부분도 나만 느낄 수 있는 술내가 폴폴 풍긴다. 아래 시는 그중 하나이다.

> 세상엿같어울구싶다야!희순아……엉?죽구싶어?……우울구싶다구우퍼엉펑……뭐어?또옹통?……에이시벌!어떤개애새키가오줌갈기고갔네내영역인데……벼엉신.
> 책을 덮는다는 게 전화를 툭 끊고 말았다. 혀 꼬인 말들이 고물고물 방바닥을 기어다닌다. 귓구멍에서 개애-새키가 자꾸 튀어나온다. 그래, 지나가는 무엇에게라도 욕 퍼붓고 싶겠지. 목련이 다 지도록 뼈마디마디 잡음 나겠지. 사방팔방 감탕밭이라 여기겠지. 사람이라 싫겠지. 병신 벼엉신, 혼잣말하겠지. 땅이 움푹 파일 때까지 제자리 맴돌겠지. 절반은 저승에 두고 뿌리째 뽑혀야 제 영역 찾겠지. 다시 꿈 기웃대겠지.

―「비 오는 밤의 토크」

술에 취하기만 하면 전화하는 친구 K가 있었다. 나도 그도 불행 중 다행으로 알코올 중독에 걸리지 않고 캄캄한 터널을 갈팡질팡 빠져나왔다. 술 아니었으면 어쩔 뻔했나. 술을 방패 삼던 그 많은 시간은 다 어디로 흘러갔을까. 내 몸이 무(無)를 향해 과속으로 내달리고 있다. 고통은 여전히 나를 에워싸고 있지만 이제 길을 잃으면 안 된다. 아니, 잃지 말아야 한다. 여전히 앞이 안 보이지만 길가에 주저앉아 울지 않는다. 짚고 있던 보도블록이 죽은 이의 맨살 같던 기억도 잊었다. 괴테는 『파우스트』에서 "인간은 노력하고 있는 동안은 한없이 헤매는 존재"라고 했다. 헤매고 싶지 않아 이제 노력하지 않을 거다. 아주 가끔 술에 취하겠지만 끄적거리지도 않을 거다. 여전히 손만 뻗으면 닿는 술병은 치우고 싶지 않다. 불면증 도지는 한밤 홀로 마시는 술 한잔이 약이 되리라는 걸 나는 믿는다. 그마저 안 된다면 마지막 계단이 가까워지고 있음이리라. 그때가 되면 한 시간을 하루처럼 야금야금 파먹으며 살아온 날 중 가장 깊게 별을 달을 하얀 구름을 찬찬히 바라봐야지.

그런 때도 있었지

15년 전 이야기다. 2009년 봄, 난생처음 포항 방파제로 낚시를 하러 갔다. 테트라포드가 없는 육지 쪽 바다를 내려다보니 주둥이가 길고 뾰족한 꽁치처럼 생긴 물고기가 떼를 지어 떠다니고 있었다. 긴 방파제에는 낚시꾼과 그들을 구경하는 사람이 셀 수 없이 많았다. 바다낚시는 물론 바다 볼 기회가 많지 않았던 나는 두근거리는 가슴을 진정시키며 사람들 틈에 어리둥절 서있었다.

낚시 마니아인 문우(文友) Y가 미끼까지 끼워서 방파제 아래로 낚싯대를 드리워놓고 내게 낚싯대를 꼭 붙잡고 있으라고 했다. 처음 만져보는 낚싯대라 호기심 많은 나는 흥분하고 있었다. 물고기가 미끼를 물면 잽싸게 채 올리라고 했다. 그 말이 끝나자마자 꼭 쥔 낚싯대를 무언가가 당기는 느낌이 왔다. 깜짝 놀라 시키는 대로 낚싯대를 힘껏 위로 채 올렸다. 미끼를 문 가늘고 길쭉한 물고기가 하늘로 치솟아 올랐다가 낚싯대와 낚싯줄의 길이만큼 뒤쪽 어딘가로 뚝 떨어졌다. 옆에 있던 Y가 어이가 없다는 듯 한참을 걸어가 바닥에 내동댕이쳐 기절한 그것을 낚싯바늘에서 분리하고 미끼를 다시 끼워주었다. 흩뿌린 밑밥을 먹기 위해 수면을 떠다니던 그 학공치를 한 마리 잡은 거였다. 몸통이 동글동글하고 윗입술이 길고 뾰족한 끝이 립스틱 바른 듯 빨갰다. 이후 희한하게 미끼만 던지면 학공치가 물고 늘어졌다.

매번 비명을 질러가며 나는 엉터리 낚시질에 몰입했고, Y는 등 뒤로 멀리 나가떨어진 학공치를 주우러 왔다 갔다 하느라 바빴다. 챔질을 살살 하라고 거듭 말했지만 개념이 없어 조절할 수 없었다. 주변인들이 내 곁으로 모여들었다. 멀찍이서 낚시하던 이들까지 하나둘 가까이 다가와서 미끼를 던지기 시작했다. 하여 잠깐 사이에 소란스러울 정도로 사람이 촘촘해지고 낚싯줄이 얼키설키 엉망진창이 되어갔다. 그렇다고 그들에게 뭐라 할 수가 없어 내가 자리를 옮기는 수밖에 없었다. 옮긴 곳에도 물고기가 떠다니긴 하는데 미끼를 던져도 물고 늘어지질 않았다.

낚싯대 잡는 연습이라도 해보고 시작했더라면 구경거리가 되지 않았을 텐데, 왕초보 손에 막무가내 실전을 맡긴 게 불찰이었다. 그날을 생각하면 지금도 웃음이 저절로 나오지만 그렇게 황당한 첫 손맛을 보고 나는 낚시의 매력에 빠졌다.

비껴가는 너를 낚기는 싫었다. 지느러미도 아가미도 아닌 학같이 어여쁜 고 붉은 입술을 원했던 거다. 세상사 언제 뜻대로 된 적 있었나. 너는 옆구리 꿰어 내게 왔다. 파들거리는 몸통을 움켜잡았다. 하초로 전해지는 탱탱한 감각이 시장기를 부추긴다. 우리 관계에 다행이나 불행이라는 상투적인 말은 쓰지 말기로 하자. 거친 파도를 견뎠겠지. 나도 너를 취하기 위해 피 튀기는 바람을 극복했다. 몇 生을 건너 이제야 기다리던 시간이 온 거다. 가을볕 내리쬐는 방파제에 서로의 눈빛이 잠시 번뜩였다. 한점 한점 한몸이 되어가는 뼈와 살을 갈매기가 기웃댄다. 달뜬 몸에 밀물 들겠다.

─「화려한 재회 _학공치 낚기」(2013)

엉터리 챔질로 학공치를 등 뒤로 패대기쳐 기절시킨 이후 이따금 간 곳은 군산 소야미도 부속섬인 조그만 쥐섬이었다. 야미도 선착장에서 해동호를 타고 5분쯤 가면 쥐섬이 있고 멀리 신시도가 보였다. 새만금 방조제 공사가 끝나갈 무렵이었다. 바다를 가로질러 달리며 파도가 치는지 바람이 부는지를 살피며, 낭만적이던 수평선을 전투장 보듯 바라보았다. 비응도에서 야미도까지 가는 도로에 풀풀 날리던 먼지와 바다가 지금도 생생히 떠오른다.

쥐섬 한쪽은 갯바위가 편편했고 한쪽은 날카롭고 경사가 심했다. 등 뒤로 어떤 물고기도 날려 보내지 않고 챔질 잘하는 선수가 된 나는 늘 편편한 쪽에서 학공치를 잘 잡았다. 그날은 위험을 무릅쓰고 경사가 심한 쪽에 처음으로 자리를 잡았다. 밑밥을 뿌리니 학공치와 숭어가 함께 몰려들었다. 그곳에는 초로의 남자 둘이 이미 릴낚시를 하고 있었다.

학공치를 잡다가 나는 조금 큰 낚싯대로 바꿔 일전(一戰)을 준비했다. 목표는 눈동자 가장자리가 노란 가숭어가 아닌 눈동자 전체가 까맣게 빛나는 숭어였다. 한참 만에 입질이 세게 왔다. 낚싯대를 세우려 했으나 얼마나 큰 놈이 걸렸는지 세우기가 힘들었다. 비명이 저절로 튀어나왔다. 언젠가 일행이 갯바위에서 지르는 황희순의 비명은 남자를 흥분시킨다고 했다. 웃겼지만 그럴 수도 있겠다는 생각을 한 적 있다. 묵직한 손맛에 새어 나오는 비명은 힘들어서만은 아닐 터이니 말이다. 물고기와 힘겨루기가 시작되었다. 둘 중 하나가 포기해야 끝날 터, 잘못하면 끌려갈 수도 있을 것 같았다. 불쑥 솟아오르는 모습을 보니 퉁퉁한 숭어였다. 겁이 났지만 있는 힘껏 낚싯대를 붙잡고 버티는 동안 비명과 신음이 번갈아 비어져 나왔다.

10여 미터 떨어진 곳에 있던 낯선 두 낚시꾼 중 하나가 나를 향해 낚싯대 잘 세우고 있으라고 소릴 지르더니 가파른 갯바위를 급히 내려오기 시작했다. 그런데 이게 웬일, 발을 헛디뎠는지 바닷물에 풍덩 빠지고 말았다. 파도 때문에 더 깊은 바다로 떠밀려갈지도 모를 일, 그는 물속으로 들어갔다 나왔다 하며 허우적거렸다. 그의 친구도 손을 쓸 수 없는 상황이었고 특히 Y는 눈길도 주지 않고 있었다. 천만다행인 건 수영을 조금 할 줄 아는 것 같았다. 파도가 그렇게 심하지 않았고 갯바위에 부딪혀 다친 거 같진 않았다. 쓰고 있던 모자는 출렁이는 파도를 타고 주인에게서 점점 멀어져가고 민머리가 된 그는 파도에 밀려 오락가락하고 있었다. 일각이 여삼추였다. 손도 못 쓰고 말도 못 하고 보고만 있자니 무서웠다. 112에 신고해야 하나 잠시 나는 고민했다. 어느 순간 기적같이 그가 작은 갯바위를 붙잡았고 잠시 숨을 고르더니 찬찬히 기어서 올라왔다.

 장난 아닌 진짜 죽을 뻔한 초췌해진 그 사람을 민망하여 똑바로 바라볼 수가 없었다. 만약 갯바위에 머리라도 부딪쳐 크게 다쳤거나 파도에 떠밀려갔더라면 어쩔 뻔했나. 해양경찰서에 목격자로 불려가서 나를 도우려고 뛰어 내려오다 사고가 났다고 진술할 상황이 만들어졌을지도 모를 일, 별일을 다 겪는구나 싶었다. 그 와중에 Y는 물에 빠진 사람 구한다고 잡아주다가 같이 죽을 수도 있는 거라고 중얼거렸다. 그리고 앞으로 소리 지르지 말고 딸려갈 거 같으면 낚싯대를 버리라고 했다. 어이없었지만 할 말이 없었다. 정신을 가다듬고 보니 숭어와 힘 겨루기하던 낚싯대는 부러져 엉망진창이 되어있었고 잡았던 숭어는 낚싯바늘을 떼어 물고 사라졌다.

 며칠 후, 놓친 숭어를 기어이 잡으러 쥐섬에 또 갔다. 비탈진 곳이 아닌 편편한 곳에서 낚시하며, 나를 도우려다 죽을 뻔한 민머리 남자 생각은 절대 하지 않았다. 생선회를 좋아하지 않는데도 갯바위에서 낚은 숭어는 바로 회로 먹을 만했다. 그리고 그즈음 객기가 발동해 시를 또 한 편 썼다.

 식욕 돋는 가을이에요
 낡았지만 어쩌겠어요

그날 이후 매일 밤 당신 칼에
관통당하는 꿈을 꾸었어요
빛나는 이 비늘 좀 보아요
말초까지 꿈틀거려요, 오래전
당신이 꿈꾸던 내 살을 맛보세요
준비됐나요?
칼끝을 등허리에 푹 꽂아요
뼈를 피해 살살 움직여봐요
한쪽으로 감각이 기울었군요
그래요 그렇게 껍질을 벗겨요, 더 깊이
남김없이 속살을 발라내요
노래미 감생이 팔딱이는 갯바위에서
죽음의 절정을 당신에게 줄게요
꿀꺽 삼키지 말아요
천천히, 천천히 느껴봐요

—「숭어 이야기 2」(2013)

물고기는 알고 있다는데

 2017년 봄이었다. 오탁번 선생과 나의 세 번째 시집 『미끼』의 서평을 써준 음성의 최준 시인과 낯선 그의 친구, 그리고 연하 띠동갑 외우(畏友)인 구미의 김선근 시인과 함께 음성의 차평저수지로 오랜만에 밤낚시를 갔다. 좌대 한쪽에 낚시할 채비를 해놓고 술 한잔 하며 밤도와 놀자는 거였다. 최준 시인이 시작하자마자 대물 잉어를 낚느라 야단이 났고, 낚시 마니아인 김선근 시인이 향어를 낚았다. 오탁번 선생은 낚시채비만 해놓고 가져온 위스키를 인원수대로 따라놓고 술잔을 기울이기 시작했다. 나는 낚시도 하고 싶었지만 위스키 쪽으로 기울었다.
 어두워지자 소쩍새와 쏙독새가 아주 가까이서 우짖기 시작했다. 얼마 만인가, 가까이 듣는 밤새 소리. 별이 낭자한 산골 저수지와 낭만 깃든 어둠이 마주 보며 출렁거리고 있었다. 술잔이 돌고 이야기하며 웃다 보니 자정이 훌쩍 넘어갔다. 오탁번 선생이 제일 먼저 좌대에 만들어놓은 휴식공간으로 들어갔다. 술자리는 끝나고 넷이서 채비해 놓은 낚싯대를 잡고 앉았다가 한 명씩 들어가 아무렇게나 누워 토막잠을 잤다. 나도 한숨 자보려고 했지만 잠이 오지 않았다.

소쩍새가 피를 토하듯 우짖고 있었다. 밖으로 나와 신선한 어둑 새벽 공기를 마시며 저수지 주변을 어슬렁거리다가 낚시를 했다. 해가 떠오르기 전 한 뼘이 넘는 붕어를 한 마리 낚았다. 주둥이에 꿰인 낚싯바늘을 뺐더니 펄펄 뛰며 나를 빤히 올려다보았다. 눈을 가리면 얌전해진다는 말을 누군가에게 들은 기억이 나서 수건을 물에 적셔 푹 덮었다. 두어 번 뒤척이더니 정말 가만히 있었다.

낚싯바늘을 떼어 물고 달아난 물고기가 다시 잡히기도 하는데 이를 보고 물고기는 기억력이 3초라 하고 기억력 나쁜 사람을 금붕어 같다고도 한다. 하지만 틀린 말이란다. 거친 물속에서 포식자에 대한 두려움보다 먹는 일이 최우선이라 낚싯바늘을 주둥이에 붙이고도 본능적으로 미끼를 보면 삼키는 거란다. 물고기는 인간이 생각하는 것보다 훨씬 똑똑하고 인간과 닮았으며, '노는 물'이 다른 그들만의 생존방식인 우정·사랑·슬픔이 있다고 한다.

갯바위 낚시할 때 제일 귀찮은 건 복어였다. 어린 건 잡히지만 조금 큰 건 위험하게도 바늘을 삼키고 도망간다. 수컷 흰점박이복어는 번식기가 되면 지느러미를 팔랑팔랑 놀려 짝짓기할 1.8m의 정원을 완성하고 조개껍질을 물어다 장식한 뒤 암컷을 기다린다고 한다. 이럴 수가, 창조적으로 정성스럽게 사는 존재에게 무슨 짓을 한 것인가. 본의 아니게 내게 낚여 버려지거나 바늘을 삼킨

복어는 몇 마리나 될까.

바다낚시 다닐 때는 물고기 생태에 무심했지만 그 밤 저수지에서 낚시할 때는 이미 동물행동학자인 '조너선 벨컴'의 책 『물고기는 알고 있다』를 읽은 후였다. 그는 "우리가 물고기와 공감하지 못하는 결정적인 이유는 노는 물이 다르기 때문이다. 낚싯바늘에 꿰어 물 밖으로 끌려나온 물고기가 울지 않는 이유는 우리가 물속에 빠졌을 때 울지 않는 이유와 마찬가지"라고 했다. 그들을 조금 알았다고 손맛까지 잊은 건 아니다. 특히 복어에게 미안하지만, 이 정글에선 약육강식이 법칙 아니던가. 바늘에 찢기는 고통을 주고 낚았으면 살 한 점까지 잘 먹는 일이 최선이라고 속으로 우기며 낚시를 했다. 내가 낚아 수건으로 덮어놓은 붕어를 어떻게 해야 하나 고민이었지만 다행히 음성에서 온 이가 잡은 물고기를 다 가져간다고 했다. 가져가서 살 한 점까지 알뜰하게 잘 먹을 거라 믿었다.

수컷 흰점박이복어(10~15cm)의 정원
(EBS 다큐프라임 「연애기계」 캡쳐)

　만만한 목숨이 어디 있겠는가
　낚싯바늘에 끌려나온 향어가

눈을 휩뜨고 펄펄 뛴다
2만 년 전에도 낚싯바늘을 썼다는데
물고기로 사는 거 쉽지 않았겠다
삼키면 안 되는 미끼 곳곳에 있어
사람으로 사는 것도 쉽지 않아
세상을 안다고 뭐가 달라지겠니
속울음도 씹지 마라
울어서 해결될 일 있다면, 나
매일매일 울었을 거야
안됐지만 오늘은
내 살 위해 네,
살이 필요해

—「향어의 거울」(2018)

  해가 떠오르고 있었다. 눈부신 저수지엔 왜가리가 몇 마리 내려앉아 먹이 사냥에 여념이 없고, 온갖 새들이 부산하게 지저귀며 하루를 준비하고 있었다. 아쉽게 철수 준비를 하며 오탁번 선생이 "다음에 여기서 또 모이자."고 했다. 하지만 그날이 이승에서 함께한 마지막 낚시였다.

창을 떠나지 않는 구름

 2023년 6월 말, 어느새 한해의 반이 가고 무더위가 시작될 즈음이었다. 늘 하던 대로 해거름의 유등천변을 산책하러 나섰다. 계단을 내려서는데 왼쪽 무릎이 꺾이는 듯했다. 무관심하던 무릎을 만져보아도 겉으로는 아무 이상이 없었다. 그런데 그날 이후 무릎을 구부릴 때마다 소리가 나고 조금씩 부어올랐다. 9년 전 탁구 치다 다친 오른무릎의 반월상연골 파열로 관절내시경 시술을 받은 기억이 떠올랐다. 그때와 비슷한 증상이었다. 이틀 전, 조금 피곤한 상태로 탁구를 한 시간쯤 쳤는데 그날이 의심스러웠다.

 일주일을 고민하다가 오른무릎 시술한 그 병원 그 의사를 찾아가 MRI를 찍어보니 아니나 다를까, 그때와 똑같이 운동선수들이 잘 다친다는 반월상연골 파열이라고 했다. 10여 년 전을 돌이켜보면 그렇게 어렵지 않았기에 이번에도 망설이지 않고 입원했다. 바로 다음 날 시술대 위에 누워 척추에 마취 주사를 맞았다. 광속으로 무엇인가가 허벅지를 쓸고 내려가는 느낌이 왔다. 발에 열감이 오더니 바로 감각이 없어졌다. 감각이 없어지기가 무섭게 무릎을 중심으로 다리가 심하게 압박을 받는 듯 흔들렸다. 그리고 나는 곧 깊은 잠에 빠져들었다.

얼마의 시간이 흘러갔을까. 잠에서 깨어났지만 다리는 감각이 없었다. 무릎은 어찌 되었을까. 드레싱을 하고 수술실에서 침대째 입원실로 옮겨졌다. 같은 병실 환자들이 점심을 먹고 난 후였으니 세 시간은 걸린 모양이었다. 9년 전엔 마취 풀리고 바로 걸었는데 어쩐 일인지 걸을 수가 없었다. 휠체어에 의지해 이틀간 중환자 취급을 받다가 3일째부터 간신히 걸었다. 시시각각 걱정이 태산같이 쌓여갔다. 그리고 5일째 퇴원했다.

퇴원 후 3일째, 시술 부위에 피하일혈(皮下溢血)이 생기더니 시간이 지날수록 허벅지에서 복사뼈까지 다리의 1/3 안쪽만 벌겋게 물들어갔다. 무릎은 물론 피부까지 통증이 와서 잠을 잘 수가 없었다. 병원에 갔더니 간호사는 다리를 보고 놀란 듯 손으로 입을 틀어막았고 의사는 시간이 지나면 나을 거라는 말 외엔 하지 않았다. 점점 더 심해지는 이유를 물었더니 약 올리듯 9년 전엔 젊었고 이번엔 관절염이 더 심해져서 말끔히 나으려면 인공관절을 해야 한다고 했다. 왜 시술 후 염증이 왜 더 심해지나.

기약 없는 시련이 펼쳐졌다. 하루 고민이 무릎에서 시작하여 무릎으로 끝났다. 한달 두달 석달, 생활 리듬이 깨져 경로 이탈 경고음이 매일 울렸다. 피부 통증은 사라졌지만 무릎은 나을 기미가 안 보였다. 약을 오래 먹어 소화불량 증세도 생기고 무력감에 빠져 아무 일도 손에 잡히지 않았다. 운동은 물론 산책도 자유롭게 할 수 없었다. 겨자씨만큼 좋아진 듯하다가 겨자씨만큼 나빠지기를 반복했다. 마지막으로 시술한 병원에 갔던 날, 물리치료하고 가라는 걸 '싫어요' 하고 처방전만 받아왔다. 아들에게 그 말을 했더니 박장대소했다. 의사가 놀랐을 거라며 사람들은 의사의 말을 법으로 생각한다는 거였다.

며칠 후 동네 정형외과에 갔는데 의사가 고개를 갸웃거리며 관절경 시술 후 피하일혈이 왜 생겼는지 이해가 안 된다며 피 고인 곳에 괴사가 생길 수 있으니 절대 술 마시지 말고 당분간 약물 치료를 하라고 했다. 혹시 의료사고라 해도 어떤 의사가 말해주겠는가. 정직한 의사도 물론 있겠지만, 과잉진료가 다반사이고 의사의 실수라 해도 증거가 없으니 방법이 없다. 의료 분쟁을 대중매체나 길가에 붙은 플래카드로 가끔 접하기도 한다. 수술실에 CCTV 설치를 거부하거나 수술 의사를 바꿔치기하는 병원도 있다는 뉴스를 본 적도 있으니 아픈 사람만 억울할 뿐이다. 수술 후 어떤 일이 생겨도 탓하지 않겠다는 서약을 환자 측만 하지 않던가. 중병에 걸린 건 환자가 아니라 대한민국 의료시스템이라고 말하는 의사도 매스컴에서 보았다.

통계청과 세계보건기구(WHO)가 사용하는 건강수명(특별한 이상 없이 생활하는 기간) 개념인 '건강보정기대수명'이 2019년을 기준으로 73.1세, 노화와 만성질환이 겹쳐 자유롭게 걷지 못하는 '노년의 몸'이 되는 나이는 75세라고 한다. 노년기에 다치면 원상태로 되돌리기 어렵다는데, 염세에 빠져 창밖 구름 보는 시간이 많아졌다.

신은 인간의 몸에 천사 얼굴을 한 악마를 한 마리씩 심어놓고 구경한단다. 시간은 악마의 기상천외한 무기인지도 모른다. 니체는 「즐거운 학문」에서 동물은 인간을 "자신과 동류지만 극히 위험하게도 건강한 동물의 분별력을 잃어버린 존재로 상식 밖의 동물, 웃고 우는 불행한 동물로 여길지도 모른다."고 했다. 지나갈 때마다 짖어대는 옆집 개는 미래강박증에 시달리는 나를 보며 그동안 큰소리로 비웃은 게 분명하다.

불안정한 하루하루가 쏜살같이 지나가고 있다. 아니, 악마가 시간의 꼬리를 휘어잡고 무한 우주를 향해 광속으로 날아간다. 화단에 몽글몽글 국화가 피려고 한다. 해거름을 즐기며 산책하던 유등천변에는 금계국이 줄지어 피고 흰뺨검둥오리가 놀고 있겠다.

별별 환상

 봄이 무르익어가는 2022년 5월, 원주 토지문화관에 입주하여 창작에 전념하려고 노력 중이었다. 하지만 잊고 살던 소쩍새와 온갖 새소리에 밤낮없이 정신을 빼앗기고, 해가 질 무렵에는 시간 가는 줄 모르고 논둑을 서성거리며 개구리 소리에 붙들려 향수(鄕愁)를 앓았다.
 창작실에 막 적응해 갈 무렵 소꿉친구 S에게서 뜻밖의 메시지가 날아왔다. 초등학교 5학년 담임이었던 P선생을 만나기로 했다며 함께 가자는 거였다. 너무 멀리 있어서 갈 수 없으니 만나면 통화라도 할 수 있게 해달라고 부탁했다. 점심을 먹고 나무 그늘에 앉아 지저귀는 산새 소리에 귀를 담그고 있을 때 S에게서 전화가 왔다. 그날이 잊고 살았던 스승의 날이었다. 곧바로 P선생을 바꿔주었다. 오, 어릴 때 듣던 그 목소리, 반가운 나머지 울컥 눈물이 솟았다. 서로의 안부를 나누고 7월 초순에 만나기로 약속했다.

내게는 특별했던 P선생과의 추억이 몇 컷 또렷이 남아있다. 가을운동회가 열리면 아래위 동네 어른들까지 학교 운동장에 모두 모여서 잔치마당이 펼쳐졌고, 음향 시설이 없던 시절이라 전교생이 행진하면 P선생의 풍금소리에 맞춰 꼬맹이 황희순이 행진곡을 불렀다. '나가자 씩씩하게 대한 소년아~ 태극기 높이 들고 앞장을 서서~ 우리는 싸우는 대한의 아들딸~'. 하긴 60년대 군부독재 시절이었으니 그럴 만도 하다. 나는 그때 부르던 전투적인 노래를 아직도 잊지 않고 있다. 운동회뿐 아니라 보은군청에서 해마다 실시하는 학습발표회에 학교 대표로 뽑혀 노래 부르러 가기도 했다. P선생은 공부든 무엇이든 적극적으로 잘하는 꼬맹이 황희순을 무조건 칭찬하고 지지해 주었다. 그 대가로 친구들에게 신용쟁이라는 별명이 붙여졌고 질투의 대상으로 왕따를 자주 당했다.

보은군청에서 학습발표회가 있던 날이었다. 대전 가는 버스를 타기 위해 시골집에서 내탑까지 한 시간은 걸어갔고, 대전에서 다시 보은으로 가는 버스를 탔다. 그날 행사를 끝내고 보은에서 대전으로, 대전에서 내탑까지 버스를 타고 왔을 때는 이미 해가 진 후였다. 어둡고 울퉁불퉁한 신작로를 걷다가 돌부리에 걸려 엎어지길 여러 번, P선생은 내게 등을 내밀었다. 꼬맹이는 염치도 없이 선생 등에 폴짝 업혔다. 아버지 등처럼 편안했다. 조금 가다가 미안한 마음에 내려 달라고 해서 걷다가 엎어지면 다시 업히고, 동네 앞까지 그렇게 걸었다. 달걀귀신이 사는 무서운 우물이 있다고 했더니 집 앞까지 데려다주었다. P선생이 사는 곳까지 가려면 걸어온 만큼 가야 하고 산을 하나 넘어야 했다. 그리고 20년이 더 지난 1996년 어느 날 청주에 사는 소꿉친구 A가 P선생의 전화번호를 알려주었다. 통화 후 첫 시집과 두 번째 시집을 보내며 긴 편지를 동봉했다. 그 후 또 사는 일에 휘둘리느라 교류가 끊겼다. 지금은 대청댐에 잠겨 흔적도 없이 사라진 고향 생각과 더불어 P선생이 밤길에 업어줬던 일과 노래 부르던 일 등은 잊히지 않는 소중한 추억으로 남아있었다.

토지문화관에서 5월과 6월을 보내고 대전에 왔다. 리듬을 찾은 후 7월 12일 P선생을 만나러 청주에 갔다. 그곳에 사는 소꿉친구 A와 같이 만나기로 했다. 터미널을 부리나케 빠져나와 친구가 기다리는 곳으로 가던 중 P선생이 나를 향해 걸어오고 있었다. 그는 물론 나를 알아보지 못했지만 나는 멀리서도 그 모습을 알아볼 수가 있었다. 반가운 마음에 초등학교 5학년이듯 선생을 부르며 달려갔다. 오가던 이들이 놀랄 만큼 호들갑을 떨며 선생을 포옹했다. 오랜만에 보는 A도 반가웠다. 반백 년도 더 지났으니 서로의 변한 모습에 할 말을 찾느라 차 안은 잠시 정적이 머뭇거렸다. 그간의 안부로 말문을 연 후 점심을 함께 먹고 커피숍에 들러 초등학교 때 이야기로 시간을 보냈다. 그런데 밤길에 업어주었던 일이 P선생은 기억나지 않는다고 했고 30년 전 보내준 나의 첫 시집과 편지를 보물처럼 간직하고 있다고 했다. A는 먼저 가고 P선생과 둘이 두서없는 이야기를 나누며 터미널까지 걸었다. 그리고 그는 승차권을 사주며 버스가 떠날 때까지 곁을 지켜주었다.

그날 이후 P선생은 하루에 두세 차례씩 내게 문자메시지를 보냈다. 황희순으로 시작해서 황희순으로 하루를 마무리하는 듯했다. 수시로 오는 메시지에 신경이 많이 쓰였다. 어느 날은 환상에 신음한다고 썼다. 환상? 제자에게 무슨, 장난인 줄 알았다. 카카오톡에 붙여놓은 나의 프로필을 본 느낌을 선정적으로 써서 긴 메시지를 보내기도 했다. 불쾌하여 사진이 안 보이도록 해놓았더니 이틀 후 사진이 안 보인다며 다급한 목소리로 전화를 했다.

불안하게 열흘을 보내고 이상한 느낌의 근원을 알고 싶어 P선생을 만나러 청주에 갔다. 왜 그렇게 문자메시지를 자주 보내고 사진을 들여다보는 건지 점심을 먹으면서 단도직입적으로 물었다. 그가 자리에서 벌떡 일어나며 쥐구멍에라도 들어가고 싶다고 했다. 나의 이상한 생각이 맞느냐고 다그쳐 물었더니 정신이 번쩍 들었다며 이제 안 그럴 거라고 했다. 이어 뜬금없이 소설가 김동리와 제자 서영은의 사랑 이야기를 꺼내며, 30여 년 전 보내준 시집과 편지를 머리맡에 두고 여행 갈 때도 갖고 다녔다는 것이다. 그리고 처음 만나던 날 반가워서 저지른 나의 포옹에 혼이 나갔다고 했다. 반가운 이를 만나면 그럴 수 있는 거 아니냐고 했더니 안색이 변하면서 남자도 반가우면 그러느냐고 물었다. 물론 그렇다고 했다.

도대체 무슨 헛꿈을 꾸고 있는 것일까. 정말 어처구니가 없었다. 점심을 먹는 둥 마는 둥 끝내고 돌아오는 버스를 타기 위해 터미널에 갔다. 지난번과는 달리 승차권을 사주고는 뒤도 안 돌아보고 가버렸다. 돌아서는 모습이 자연스럽지 않았으나 정신이 들었다는 말을 믿기로 했다. 그런데 다음날, 만나서 나눈 이야기와 같이 먹은 음식과 내 모습과 느낌을 그림 그리듯 길게 써서 보냈다. 행도 나누고 연도 나누어가며 의도적으로 시 흉내를 낸 듯했다. 혹시 시인인 제자를 만나니 죽기 전에 시인이 되고 싶은 꿈을 꾸는 건가? 이틀 후엔, 반가우면 누구라도 포옹한다는 내 말을 듣고 쓰레기통에 버려진 듯했다는 내용과 날짜와 시간을 표기하며 쓴 긴 일기를 또 보내왔다. 그리고 다시 만난 지 꼭 일주일 후 환상이 도져서 미안하다는 메시지에 어린 나를 업어주었던 일을 '11살짜리 여자애가 총각의 등맛을 본 것'이라고 썼다. 기억이 안 난다더니 이 무슨 해괴한 표현인가.

만난 지 한 달 만에 P선생의 전화번호를 차단했다. 그랬더니 일반전화로 또 식구 누군가의 전화로 연락을 했다. 받는 즉시 모두 차단했다. 56년 만에 만난 초등학교 때 담임이었던 여든두 살 선생이 스토커가 된 듯했다. 스토킹이 왜 범죄인지 이해가 갈 거 같았다. 불쾌하고 불안한 마음은 쉽사리 가라앉지 않았다. 불안감이 조금 가라앉을 무렵인 9월 말 P선생에게서 등기우편물이 왔다. 얼떨결에 받아 읽어보니, 내가 오해했다는 긴 글과 일방적 전화 차단을 원망하며 그동안 문자메시지로 보냈거나 보내지 못한 내용을 모두 옮겨놓은 두툼한 종이 뭉치였다. 한 열흘쯤 지나 등기우편물이 또 왔으나 받지 않고 돌려보냈다. 그리고 10월 중순 우체

통에 엽서가 한 장 와 있었다. 낯선 이름이어서 읽어보니 P선생이었다. 유치한 가명을 써서 기어이 읽게 만들었다. 이제 늙어 살아있어야 3~4년 안팎일 텐데 뭘 그렇게 잘못했느냐면서 아쉬움과 원망과 비난을 깨알같이 쏟아놓았다. 그리고 끝에 언제까지라도 기다린다고 썼다.

비현실적인 저질 영화 한 편을 내 의지와 상관없이 강제 관람한 느낌이었다. 평소와 달리 문단속에 신경을 썼고, 낯선 번호로 전화가 오면 신경이 곤두섰다. 가을을 보내며 마음을 가다듬고 나는 환상에 자신을 맡긴 팔순노인을 좀비로 만드는 소심한 복수를 감행했다.

오십육 년 만에 만난 그가 환상에 신음한다고 했다. 간절히 기다렸다며 그리웠다고도 했다. 생뚱맞은 그의 말에 별은 얼결에 별똥 허물을 주워 뒤집어썼다. 오십육 년 전 그곳에서 이곳으로 건너오지 못한 팔순인 그는 자신을 모르듯 별과 별똥을 구별 못 했다. 별은 그에게, 속내 보여주면 좀비가 될 터이니 환상을 말하지도 꿈꾸지도 말라 했다. 오십육 년 후 만나러 오겠다고 하려다 말하지 않았다. 그 자리에 붙박이 된 그는 가슴을 빼꼼 열어 앙상한 속내를 기어이 보여주었다. 놀란 별은 허물을 벗어 던지고 훌훌 날아올랐다. 날다 내려다보니 버려진 별똥 허물을 뒤집어쓴 좀비가 막다른 길 끝에 흐물흐물 서 있었다. 길냥이가 다가가 냄새를 맡더니 불에 덴 듯 도망쳤다. 길냥이가 본 건 무엇이었을까. 소슬바람이 참견 말고 제자리로 돌아가라며 화악 떠밀었다. 아흐, 장난이었는데. 지고 지고 또 지는 달, 예순다섯예순여섯예순일곱……, 별은 다시 계수나무에 걸터앉아 지난여름 헤아리던 수를 손꼽기 시작했다.

—「별별 환상」(2022)

 정신신경과 의사인 문우(文友) 말대로 혹시 노인성 질환을 앓고 있었던 건 아닐까? 그렇다면 환자에게 내가 무슨 짓을 한 것인가. 반백 년이 넘도록 소중하게 간직했던 추억은 하얗게 지워지고 소꿉친구들과의 만남도 흐지부지 끝나고 혐오심만 한 줄 선명하게 남았다.

제4부

엉겅퀴 붉게 피던
—1997. 봄 단상

방황

"일체 현상계의 생멸법은 한바탕의 꿈이며 환(幻)이며 물거품이며 그림자 같고 이슬 같고 번개 같으니 마땅히 이와 같이 볼지니라." 금강경의 끝 구절이다. 무심(無心)히 살아가라는 것이다. 감당하기 어려운 이 난관에 신앙이 있다면 견디기 좀 수월할지도 모를 일, 교회나 사찰에 들어가 기도라도 하고 싶다. 나는 어디로 가야 하나.

가는 곳마다 아이와 바라보던 하늘이고 함께 걷던 골목이고 상점이다. 주저앉고 또 주저앉기를 반복하며 어두워지는 줄도 모르고 무작정 걷고 또 걷는다. 갑자기 사라진 갓 스물 된 내 딸 수진이를 생각하며 목적지도 없이 매일 거리를 헤매며 두리번거린다. 그날은 알 수 없는 손에 이끌리듯 집에서 멀지 않은 비래사 절 마당에 서있었다. 도착한 시간은 오후 2시쯤, 활짝 열린 대웅전에 스님이 혼자 앉아 기도하고 있었다. 그 뒤에 조용히 엎드렸다. 비틀거리며 절을 하고 또 했다. 시간이 얼마나 지났을까. 지친 나를 스님이 부축하며 나무 그늘로 데리고 갔다. 푸르름이 우거진 산속의 고요가 눈물을 왈칵 솟게 했다. "그래, 실컷 울어. 울고 싶을 땐 울어야 혀." 했다. 그리고 '관세음보살'을 되뇌었다. 나를 위한 염불이듯 위로가 되었다. 대웅전 처마 끝에 매달린 풍경이 바람 따라 울었다.

그늘을 만들어주고 있던 나뭇잎이 코앞으로 뚝 떨어졌다. 속수무책 터져 나오는 울음을 간신히 억누르며 나뭇잎만 뚫어지게 내려다보았다. 스님은 말없이 지켜보며 내가 무슨 말이든 하길 기다리는 듯했다. 무한 우주 속 콩알만 한 별인 지구의 한 산사(山寺)에 곧 증발하고 말 이슬 한 점처럼 앉아있었다. 눈물만 하염없이 흘러내렸다. 세상은 생각 따라 얼마나 변화무쌍하게 흘러가고 있는가. 스님은 나뭇잎이나 만지작거리고 있는 내 손을 가만히 잡으며 말했다.

"얼굴에 병색이 들었어. 무슨 일인지 모르지만 너무 아퍼하지 마. 인연 따라 업장 따라 사는 것이여."

도피

구름 한 점 없는 하늘, 뻐꾸기 소리가 햇살을 쪼고 있었다. 나를 위로하러 온 S를 따라 대전의 하늘과 바람을 피해 지리산 하동 돌고지산방으로 갔다. 궁여지책이었다. 그곳에서 죽염 굽는 일을 도왔다. 죽염은 9번을 구웠다. 굽는 동안 동티나지 않게 해달라고 매번 지리산 여신에게 바치는 황토로 빚은 남근 모형을 죽염가마에 넣었다. 누구도 시키지 않았는데 불목하니처럼 망치를 들고 죽염을 깨트렸다.

내가 묵는 방은 냉골이었다. 깨진 유리창 틈으로 밤마다 황소바람이 들어왔다. 겨우내 불 한번 지피지 않은 아궁이는 검은 연기를 울컥울컥 토해냈다. 검은 연기 자욱한 처마 밑엔 황토로 빚은 남근 모형이 즐비했다. 꺼무트름 발기한 그것들은 시도 때도 없이 꿈틀거렸다. 7년째 산모퉁이 움막에서 고행한다는 최씨 남근은 일곱 살 머슴애의 그것처럼 말갛게 진화되었다고 했다. 어이 최씨, 써먹도 못하는 그거 떼내뻐리고 이거 달어. 죽염가마 화덕에 불땀을 맞추던 산방 주인은 빚고 있던 팔뚝만한 남근 모형을 최씨 사타구니에 갖다 대면서 킬킬거렸다. 정신을 못 차리고 자꾸 우는 나를 웃기려고 그런다는 걸 나는 알고 있었다.

죽염가마에서는 누릿한 연기가 모락모락 피어올랐다. 돌같이 굳은 죽염덩어리 망치로 깨부수며 나는 눈부신 봄 햇살을 견뎠다. 부르튼 손바닥 물집은 아까시나무 가시로 터트려 죽염을 뿌렸다. 폐암에 걸려 요양 온 장순아와 나는 진물 흐르는 서로의 상처를 보여주며 킬킬거렸다. 짠맛은 굽는 횟수가 늘수록 조금씩 순해졌다. 봄 내내, 뜨겁게 달아오른 죽염가마를 들락거리며 눈물나게 짠 내 상처를 굽고 또 구웠다. 얼굴에 묻은 죽염 분진 때문에 입가로 흘러내리는 눈물이 짰다.

기도

낮에는 벌써 여름 냄새 머금은 바람이 분다. 시간은 덧없이 흘러 6월 중순을 향하고 있다. 아무것도 변한 건 없고 텅 빈 수진이 방만이 나를 기다리고 있었다. 분명 꿈이 아니었다. 죽고 사는 것은 하늘의 뜻이라지만 믿을 수 없다. 시간이 갈수록 다시는 그 아이를 볼 수 없다는 현실이 거짓말 같다. 해가 지면 불쑥 들어올 것 같아 자꾸 현관 쪽으로 시선이 간다. 아니지 아니지, 도리질하며 주저앉곤 한다. 거리에 나서면 어딘가 있을 것만 같아 두리번거리다가 아무 데나 넋을 놓고 기대 있다가 길 잃기 일쑤, 살 의지나 기운이 수시로 바닥이 났다. 주변인들은 나를 위로한답시고 아무 말이나 뚝뚝 내던진다. 그들의 말이 듣기 싫어 점점 더 높은 벽을 쌓고 있다. 새벽에 눈을 뜨면 꿈만 같은 하루를 또 견뎌야 한다는 중압마에 시달린다.

얼마나 시간이 지나야 현실을 인정하고 살 수 있을까. 생각조차 해본 적 없는 현실이 매일매일 시시각각 정신을 흐릿하게 만든다. 일이 손에 잡히지 않아 남편만 자꾸 괴롭힌다. 이 지옥 같은 현실을 도피해야 살 것 같지만 그렇다고 달라질 게 또 무어란 말인가. 도무지 길이 보이지 않는다. 며칠 전 무작정 걷다가 들어간 보문산 기원정사 스님이 사주팔자가 산가(山家) 생활을 해야 할 사람이라고 했다. 예사로 들리지 않았다. 그렇다면 길을 잘못 들어서서 겪는 고통이란 말인가.

슬픔을 꿀꺽꿀꺽 삼키며 눈물을 훔치는 남편을 보면 머리가 또 하얗게 비어버린다. 나 못지않게 맘을 잡지 못하는 아들은 또 어쩌나. 나를 붙잡아 앉히며 애써 태연한 척도 해보지만, 남들이 쉽게 말하듯 나만 겪는 일이 아니라는 생각도 해보지만 안 된다. 그들이 하는 말은 남의 일이라서 할 수 있는 말이다. 유행가 가사처럼 세월이 정말 약이 될까? 아니지, 상처를 슬쩍 덮어놓기만 할 것이다. 인간은 망각의 동물이라고 하지 않던가. 나를 믿어보기로 하자. 언젠가 흐릿한 기억만 남게 되겠지. 이 풍파가 나를 깨어있게 하겠지. 그렇게 표류하다 보면 예민한 정신도 무뎌지겠지. 우린 본래 없었던 존재, 내게 주어진 시간을 모두 소비하고 본래 자리로 돌아가겠지.

한 계단 내려서서
—1997. 한여름 수첩

한밤중 귀청 찢어지게 전화벨이 울린다. 중환자실에서 온 전화인지도 모른다. 누군가 위독한가 보다. 내 가족은 아닐 거야. 살얼음판 같던 지하 중환자보호자대기실이 또 한바탕 술렁거린다. 양촌댁이 꼬꾸라질 듯 튀어나간다. 놀란 가슴을 쓸어내리며 서로를 바라본다. 불안에 익숙해진 사람들이 이내 키득거리기도 하며 굼벵이처럼 웅크리고 다시 잠을 청한다. 머리맡 모기향이 향불처럼 타오르고 있다.

한 달 만에 본 햇살에 독(毒)이 들어있었다. 손등이 가렵기 시작하더니 얼굴과 목으로 번졌다. 햇빛알레르기라고 했다. 나는 서서히 음지식물이 되어가고 있었던 거다. 벌겋게 부어오른 살을 죽을 똥살똥 피가 나도록 긁어댔다. 속이 시원했다. 살면서 이렇게 시원한 적이 있었던가. 햇살에만 독이 있었던 게 아니라 나도 독이 잔뜩 올라 있었다. 이대로 살을 후벼파다 죽어도 좋겠다는 생각이 들었다. 옆 사람의 성화에 못 이겨 하는 수 없이 새벽 4시에 응급실에 갔다. 괴물같이 부어오른 얼굴을 마스크와 모자로 가리고 며칠째 살고 있다.

미끄럼틀에서 떨어진 세 살 민선이가 병원에 온 지 닷새 만에 죽었단다. 아비가 죽은 아이를 가슴에 안고 어두컴컴한 영안실 쪽으로 걸어간다. 어미가 비틀비틀 뒤따른다. 그들이 앉아있던 중환자보호자대기실 구석을 쥐며느리가 슬금슬금 기어간다. 손바닥에 힘을 모아 힘껏 내리쳤다. 뭉개진 쥐며느리를 화장지에 슬쩍 감아 쓰레기통에 넣었다.

더는 내려설 곳 없는 이곳에 또 새날이 밝았다. 제 누나를 잃고 방황하다 교통사고로 머리 다친 내 아이는 오늘도 의식이 없다. 영안실로 통하는 엘리베이터 문이 벌컥 열린다. 흰 가운 삐뚜름히 걸친 사내 둘이 침대차를 끌고 나온다. 죽은 사람이 담겨있는 사각 양은그릇에 손을 뻗듯 눈을 들이밀었다. 사람들은 낯을 찌푸리며 눈을 돌린다. 영안실로 통하는 벽에 파리 한 마리가 붙어있다. 손바닥에 힘을 모아 또 내리쳤다. 쥐며느리처럼 바싹 뭉개진다.

손바닥이 얼얼한 채 나만 멀쩡히 살아있다.

◆

사는 일이 단순해졌다. 옷도 그릇도 한두 개로 족했다. 밤낮 구별 없이 로봇 조립하듯 사람을 뜯었다 붙였다 하는 이곳에선 단세포동물이 되어야 목숨을 이어갈 수 있다. 잘 먹고 잘 싸면 그만, 나머지는 모두 사치다. 아이가 입가에 떨어뜨린 물 한 방울을 쪽 빨아들인다. 물 한 방울을 먹이기 위해 한 달을 곤두서서 기다렸다. 입술만 움직이면 저절로 흘러나오던 말, 말을 잃어버린 아이의 마른 입술을 만져본다 '엄마' 하고 부르는 아이의 목소리가 듣고 싶어 안절부절못하는 나는, 다친 새끼 끌어안고 쩔쩔매는 어미, 짐승일 뿐이다.

◆

약 냄새를 없애려고 촛불을 켜놓았다. 촛농을 흥건히 쏟아놓은 채 가물가물 어둠을 밝히고 있다. 쓰러진 초를 일으켜 세우며 촛농 같은 눈물이 흐른다. 내 눈물은 한점 빛도 발하지 못하는 쓸모없는 거다. 미안하다, 쓰러져서도 빛을 발하는 아이에게. 이렇게 꼿꼿이 서있는 내가 정말 미안하다.

신경안정제 없이는 한시도 견딜 수가 없다. 정신과 외래병동 대기실 벽에 기대어 차례를 기다리고 있었다. 그곳에 이리저리 뛰며 소란 피우는 대여섯 살 여자아이가 있었다. 간호사가 글씨 읽을 줄 아느냐며 붙잡는다. 말이 떨어지자마자 알아요 한다. 종이컵에 인쇄된 '충남대학교의과대학병원'을 읽어보라고 볼펜으로 가리킨다. 뚫어지게 글자를 바라보던 아이가 손가락으로 한 글자씩 또박또박 짚어가며 '병 원 사 람 들 은 힘 이 든 다'고 읽는다. 글자가 하나 남았다. 고개를 갸우뚱하더니 다시 '병원사람들은힘이든다'고 빠르게 읽는다. 진찰실에서 나온 여인이 아이를 업고 도망치듯 밖으로 나간다.

사람은 행복과 고통 사이를 표류하다 스러지는 모순적 존재다. 루이제 린저는 『생의 한가운데』에서 "고통도 또한 재산임을 알았"다고 했다. 『핀치의 부리』에서 조너던 와이너는 "진화는 죽음의 의미를 드러낸다. 비록 그 의미는 다윈이 갈라파고스에서 맛본 딸기류의 열매처럼 '시고 떫'지만 참새의 추락에는 특별한 섭리가 있다. 가뭄조차도 열매를 맺는다. 죽음조차도 씨앗"이라고 했다. 극한 가뭄에 살아남은 핀치의 새끼의 새끼는 주둥이가 가뭄에 먹이를 더 잘 구할 수 있도록 진화했더란다. 여러 세대를 거쳐야만 진화하는 건 아니라고 했다. 살아남으면 열매를 맺을까. 이 고통 씨앗이 될까.

청개구리경
—2004. 독백

•

나 울어도 부처님은 웃네. 울어라 울어라 하며 자꾸 웃네. 차마 아프다는 말을 못 하네.

•

더는 갈 수 없는 길 끄트머리, 한 발짝 더 내디디라 떼미네. 그래야 웃을 수 있다 하네.

•

내 가슴에 우물 하나 자라네. 그 우물 출렁거리는 날 부처님도 함께 출렁거리네.

•

말[言] 끝난 자리가 반야—바라밀이라, 말이 고삐를 끌고 다니네. 말 많은 세상을 말하지 말라 하네.

•

  나도 허구 너도 허구 부처님도 허구, 모두 깊은 수렁에 빠져있네. 빠진 줄도 모르고 하루를 또 건너가고.

•

  창문 꽁꽁 닫고 듣는 빗소리, 세상을 그렇게 듣는 게 아니야. 부처님 내 눈 활짝 열어젖히네.

•

  고개 들어 달을 보라 하네. 달에 비친 세상을 보라 하네. 무엇이든 비춰보아야 아름답다네.

•

  사랑은 손끝에서 오는 것, 만지지 않고 오는 사랑은 없다네. 만질 수 없는 부처님 사랑은 가짜라네.

•

  앉아만 있는 부처님 일으켜 세워볼까. 일어서면 발 걸어봐야지. 발 걸면 넘어질까. 넘어지면 옆구리 한번 꾸욱 찔러봐야지.

•

  눈만 뜨면 웃던 부처님, 오늘은 자꾸 잠만 자네. 심심해진 나 한눈을 파네. 한눈팔다 또 길을 잃고.

•

  사랑은 시작도 말라 했으나 부처님, 초가을 핏빛 낭자한 꽃을 보았네. 기어이 꽃을 꽃이라 부르고야 말았네.

•

  노란 은행잎이 한꺼번에 떨어지네. 무얼까, 입 모은 저들의 법문. 쑥덕쑥덕 덜미 휘어잡는 비밀 이야기.

•

  은행나무에 기댄 부처님, 나뭇잎에 반짝 웃음이 열리네. 물비늘처럼 반짝이네. 모처럼 덩달아 나도 반짝반짝.

•

  부처님 밟고 지나간 자리, 허허벌판이 되었네. 시들어가는 나를 뽑아 텅 빈 자리에 심네. 비는 언제 오려나.

•

  나의 손이며 눈이며 귀인 부처님, 따라만 오라 하네. 끊어진 길도 함께라면 건널 수 있다 하네.

•

  산에 들면 나는 한 마리 무능한 벌레. 떡갈잎이 먹음직한데 한 입 베어 먹지 못하는, 송충이만도 못한 몸집 큰 벌레.

•

  서늘한 밤 따뜻한 살이 그립네. 형상 있는 것 모두 허상이라 했으나, 허상이 그리워 잠 못 드는 허망한 이 몸.

•

  바람이 창문을 흔드네. 내 품에 깃든 부처님 슬쩍 건드려보네. 부처님은 누구랑 노나. 누가 있어 집적거리며 장난칠까.

•

   왕소금 한 알 집어먹고 소주 한잔 마시고, 부처님 만져보고 소주 한잔 마시고, 상한 마음 찍어 먹고 소주 한잔 또 마시고.

•

   뛰어가는 부처님 따라가다 넘어지고 말았네. 깨진 나를 주워들고 거꾸로 가네. 디디면 길이 되는 부처님만 아는 길.

•

   입동이 지났는데, 손이 시린데, 마른 풀숲 휘청휘청 날아다니는 흰나비. 게으른 내게 던진 부처님의 화두 한 소절.

•

   허공에 매달린 자벌레가 온몸으로 쓰네. ∈¿∞詩?¿시?¿시시시?¿씨~? 부처님도 못 읽을 문장, 뒤통수 한 대 맞은 거라.

•

   나는 모르네, 부처님 뒤통수 누가 때렸는지. 닭 잡아먹고 오리발 내미는, 개가 사람보다 비싼 개 같은 세상에.

•

   배롱나무에 꽃 피었네. 메롱~ 메롱~ 약 올리다 간질밥을 먹였네. 하르르 웃네. 심통 부리던 나도 기어이 웃고 말았네

•

   콩꺼풀 쓰면 콩만 보이고 부처님 품에 안기면 부처님만 보인다네. 나는 나 뒤집어쓰고 꼬깃꼬깃한 내 안만 들여다보고.

•

몸이 열려야 마음도 열린다네. 손으로 열어야 열리는 몸, 몸으로 열어야 열리는 마음.

•

꽃 한 송이 품고 안절부절못하네. 세상을 싸운 사람 대하듯 하라 했으나 부처님, 어쩌면 좋아. 그 꽃 가슴에 뿌리내렸으니.

•

앞에도 부처님 뒤에도 부처님, 뒤는 보지 말고 앞만 보고 걸으라 하네. 뒤만 보고 걷다가 그림자에 나 갇히고 말았네.

•

쐐기벌레가 왕개미에게 끌려가네. 발버둥 치는 쐐기벌레 구경하는 나, 나 구경하는 부처님, 부처님 구경하는 이는 누굴까.

•

실내에 들어온 잠자리가 나갈 길을 찾지 못하네. 동병상련 나는 구경만 하고, 길눈 밝은 부처님은 건들건들 못 본 체하고.

•

내 생각에 모래가 섞여 있네. 길 내면 흩어지고 산을 만들면 무너지네. 삶은 시시각각 길이었다가 산이었다가 모래였다가.

•

늙지도 젊지도 않은 호박은 맛이 없다네. 쉰 이 몸은 어디에 풀어먹나. 주름진 부처님 손바닥 위에서 숨바꼭질이나 하면서.

•

   다람쥐가 알밤 하나 물고 나뭇가지 건너가네. 놓치기를 여러 번, 너나 나나 목숨 걸고 가는 이 길. 부처님은 구경만 하네.

•

   사방팔방 숨기고 속이는 캄캄한 세상, 보여주는 것만으로도 이미 벽이 아니라네. 부처님 배꼽은 한 개일까 두 개일까.

•

   너나 나나 부처님 팔에 돋아난 이파리. 그의 손길 닿는 대로 웃다가 울다가 파란색이다가 빨간색이다가 노란색이다가.

•

   사람을 사랑하지 않고 살 수 없네. 없다는 말 믿을 수 없네. 인연에 끌려다니는 사바, 어찌 무엇이든 없다 없다 하는가.

•

   뭉텅 잘린 산, 속에 바위부처 있네. 부처님 반으로 자르면 경전 들었으려나. 나 반으로 자르면 눈물만 가득할 터.

•

   논길을 걷다가 벼 모가지를 똑 잘랐네. 여물지 못하고 고개 숙인 쭉정이, 내 모가지. 나는 죽은 걸까 살아있는 걸까.

•

   한 손에 나를 다른 한 손에 또 다른 나를 들고 부처님 따라가네. 뽑아버려도 자꾸 돋는 나는 도대체 몇 개인가.

•

  비바람에 떨어지지 않으려 나뭇잎 붙잡고 애쓰는 무당벌레, 풀밭에 내려주고 보니 없네. 내가 무얼 본 걸까.

•

  울고 싶을 때마다 부처님을 한입씩 베어 먹네. 부처님도 나를 조금씩 베어 먹는다네. 베인 그 자리 새살이 돋고 또 돋고.

•

  허깨비 같은 이 몸을 나라고 말하네. 없는 마음을 자꾸 내 마음이라고 말하네. 부처님에게 대든 죄, 사람을 사랑한 죄.

•

  심술 난 아이처럼 하루를 빈둥거리다가 이웃집 텃밭 고추도 따 먹다가 부처님 발가락은 있을까 없을까 그림도 그리다가.

•

  나를 찾아 빙글빙글 돌다 훌러덩 넘어졌네. 어지러운 사바 손바닥 위에 올려놓고 부처님은 느물느물 웃기만 하고.

•

  호접란꽃이 두 달이 지나도 시들지 않네. 죽어서도 죽지 않는 주검을 싹둑 잘랐네. 한 생이 뜬눈으로 가네.

•

  하루살이 한 마리 형광등 주변을 날아다니네. 하루가 전부인 목숨, 하루가 다 지났는데, 살충제를 뿌릴까 말까.

•

앉아만 있는 부처님 엉덩이 곰팡이 났겠네. 거짓말해서 내 엉덩이는 뿔이 하나 돋았다네. 하여 문밖을 서성서성.

•

비는 하늘에서 내려오고 사람은 죽어 하늘로 간다지. 하늘로 간 사람은 누가 반기나. 누가 있어 다시 볼 수 없게 만드나.

•

잔디밭에 까치 세 마리, 머리 맞대고 쑥덕공론 중이네. 가까이 다가가도 날아가지 않네. 그들 곁에 한자리 끼어봐야지.

•

바삐 나오다 보았네, 신발과 신발 사이 시든 벚꽃잎 한 점. 무엇이나 한때는 빛나지. 후~ 불면 흔적 없이 사라질 시간.

•

삐걱거리는 내 무릎 베고 잠든 부처님, 잠결에 웃네. 깨달은 이는 꿈도 다스린다는데 나는 전생이 개였는지 개꿈만 꾸고.

•

비 온 후 맑은 하늘, 꾹 찌르면 까르르 웃음 쏟아질 듯하네. 하해 같은 부처님 가슴 꾹 찌르면 쪽빛 사리 나오려나.

•

우뚝 서 있던 소나무가 쓰러졌네. 쓰러진 나무 받치고 서 있는 상수리나무. 산이 기우네. 부처님 발걸음도 비틀비틀.

•

　상가 울음소리가 웃음소리로 들리네. 웃다가 막 울어버린 적 있지. 찰나인 세상을 웃다가 울다가 울다가 웃다가.

•

　부처님 손바닥 위 뿌리 내린 오동나무, 그 잎새에 길이 있네. 그 길 따라 나 수행 중이네. 박새 자벌레 함께 가네.

•

　옴츠린 만큼 멀리 뛰는 개구리, 팔 벌린 만큼 햇볕 받는 나무. 얼마나 부대껴야 나는 나를 벗고 한 걸음 내디딜까.

•

　동학사 계곡 멍석만 한 바위 위 가부좌한 청개구리. 어디서 보았더라, 저 부처님. 그 곁에 가만히 앉아보네.

•

　길 없는 길 위에 그림을 그리네. 발자국 뗄 때마다 나를 그리고 또 그리고, 그렸다 지우고 또 그리고. 나는 무얼까.

•

　처서가 지났는데 아직 짝 못 찾은 매미, 밤이 깊도록 우네. 그 울음소리에 귀 기울이네. 부처님은 왜 모른척하는 걸까.

•

　시는 시인의 똥이네. 누에는 뽕잎 먹고 비단실 만들고, 온갖 공양 다 자시고 부처님은 무슨 똥 만들까.

•

　방안 깊숙이 달을 끌어들였네. 어두운 방이 환해지네. 내 몸에도 달이 뜨네. 부처님이 구석구석 살피네.

•

　가을 깊은데 진달래 한 송이 피었네. 나의 시절도 가을, 다시 시작할 순 없을까. 저렇듯 한 사람만 다시 꽃피게 할 수 있을까.

•

　감나무가 썩은 가지를 뚝 잘라내네. 온몸으로 밀어내고 새잎도 그 힘으로 피우겠지. 나는 아픈 마음 한쪽 도려내지 못하고.

•

　내 몸 뚫어야 보이는 부처님. 부처님 안에 몸 밀어 넣고야 보이는 나. 서로를 아프게 통과한 후에야 비로소 보이는 사랑.

•

　한 번 죽은 몸은 다시 볼 수 없네. 열 번 죽었다 열두 번 살아나는 이 맘은 무언가. 시끄러운 그것이 모진 이 몸 끌고 다니네.

•

　길눈 어두운 나 종종 길 잃고 헤매네. 제 둥지 찾아가는 새만도 못하네. 묻지 않고 갈 수 있는 길은 저승밖에 없다네.

•

　저절로 돋았다 지는 들풀. 저절로 돋았다 지는 사람. 저절로 돋았다 지는 부처님.

꽁꽁 접어두었던 것

시골에 가족들을 다 두고 낯선 도시인 대전으로 유학 온 열세 살 나는, 길눈 어두운 울보 겁쟁이 촌닭이었다. 미아 될까 봐 아버지가 학교에 일주일을 데려다주고 데리러 왔었다. 성모여중 1학년 3반, 그때는 공부 잘하는 아이들만 모아놓은 특수반이 있었다. 그리고 학년말 점수가 60점이 안 되면 유급(留級)을 시키는 낙제제도도 있었다. 중학생에겐 둘 다 가혹한 제도였다. 낙제할까 봐 무서워 노력했다. 다행히 2학년과 3학년은 특수반에서 공부했다. 1학년 담임이었던 박성순 선생과 부담임이었던 전후자 선생의 칭찬과 격려에 힘입었다.

잘못하면 지휘봉으로 배를 꾹 찌르던 체육선생이었던 담임, 유난히 체육 시간을 기다리던 나는 뜀틀도 잘하고 맨손체조도 잘하여 친구들에게 시범을 보이기도 했지만, 방법을 몰라서인지 철봉 매달리기는 의자를 빼자마자 뚝 떨어지고 윗몸일으키기는 한번도 못해 엉덩이를 맞은 적 있다. 그리고 신기한 건 오래달리기는 항상 1등, 빨리달리기는 항상 꼴찌였다.

고3 졸업이 얼마 남지 않은 어느 날이었다. 내가 좋아하던 그 체육 선생이 전근 간다는 소식에 동기생들이 합동음악실에 모였다. 담임을 모셔다 놓고 우리 졸업하면 가라고 성토하며 운 일도 있었다. 그리고는 다시 만나지 못했다. 꼭 한 번은 만나보고 싶었는데 이럴 수가, 유일하게 좋아하던 박성순 선생이 별세했다고 했다.

그 시절, 성모여중 졸업생은 수녀님들이 성모여고에 붙잡아두려고 했다. 상업고교에 가려던 나는 수녀님의 만류로 성모여고생이 되었다. 다른 학교에 간 친구가 몇 있었지만 내 기억으로, 성모여중 출신이 성모여고 입학시험에 떨어졌다는 얘기는 못 들었다. 성모여중 졸업생 140여 명, 성모여고 입학생 250명이었으니 친구들 반 이상이 성모여중 출신이었다.

공부도 않고 반항심이 늘어가기 시작한 건 고등학교 2학년 시작부터였다. 학년 초에 한 군인으로부터 편지가 왔는데 그게 화근이었다. 글쓰기를 좋아하던 나는 단체로 국군장병에게 위문편지를 쓰면 답장이 오곤 했다. 그렇게 하여 편지를 주고받던 군인이 가끔 생겼는데 그날 문제가 된 편지는, 초등학교 4학년 겨울방학 때 시골에 봉사활동 왔던 고등학생이었다. 봉사활동이 끝난 후로도 그는 쑥쑥 자라는 내게 편지하는 걸 멈추지 않았고, 군인이 되어서까지 계속했다. 편지를 시골로 보내기 때문에 주말이 되어야 읽어보던 편지가 어느 날 학교로 날아왔다. 답장은 일 년에 한두 번 기분 내키면 했는데, 얼굴도 잘 기억나지 않는 그가 사진까지 편지에 붙여 보내서 규율 검열에 딱 걸렸다.

  나는 상담실에 불려가서 담임에게 추궁을 받았다. 남녀 사이가 아니라고 해도 믿지 않았다. 사진까지 넣어 보내는 건 보통 사이가 아니라며 절교 편지를 지금 당장 써서 검사를 받으라고 호통을 쳤다. 그리고 사진과 편지는 압수를 당했다. 학교로 편지를, 그것도 누가 보고 싶다고 했나 사진까지 보내다니. 억울하고 화가 나서 눈물을 뚝뚝 흘려가며 다시는 편지하지 말라는 내용을 연필로 침을 발라가며 꾹꾹 눌러 썼다. 담임은 내가 읽어보고 그 군인에게 부치겠다며 가져갔다. 그와의 인연은 그렇게 끝이 났다. 담임은 그 후 그 일에 대해 다시 묻지 않았지만 나의 반항기가 발동되었다.

  그리고 얼마 후 가정방문이 시작되었다. 그때는 그랬다. 새 학년이 시작되면 담임이 가정을 방문하여 형편을 살폈다. 나는 남동생 둘을 데리고 자취하는 방을 보여주기 싫어 약속한 그 시간에 주변을 빙빙 돌며 집에 가지 않았다. 해가 넘어갈 무렵 들어갔더니 주인이 담임 선생이 사다 놓고 갔다면서 방문 앞에 무언가 놓고 갔다. 열어보니 멸치였다. 고맙다는 생각은 안 들고 창피하고 슬펐다.

  다음 날 아침 주인이 그 멸치 말려야 되니까 마루에 널어놓고 학교 가라고 했다. 마루에 신문지를 펴놓고 멸치를 쏟았다. 그런데 반은 종이뭉치였다. 장사꾼이 속임수를 쓴 거였다. 주인은 "어린것들 먹으라고 산 거에 못된 놈들이… 세상에… 세상에…."를 반복했다.

 나는 담임 뒷모습만 봐도 멸치와 종이뭉치가 생각났고, 감사 인사는커녕 마주칠까 봐 한동안 피해 다녔다. 수업 시간과 종례 시간 외엔 눈에 띄지 않으려고 노력했다. 공부에 열중하지 않아 성적은 점점 떨어지고 있었다.

 그해 가을 어느 날 하굣길에서였다. 교문을 막 나서려고 하는데 뒤에서 '황희순' 하고 담임이 불렀다. 발이 떨어지질 않았다. 기어들어 가는 목소리로 대답하고 발이 땅바닥에 붙은 듯 서 있었다. 동생들은 잘 있느냐, 공부 잘하던 놈이 왜 그러는지 모르겠다며 열심히 공부 좀 하라고 나무라듯 했다. 그리고 우리 집에 떡을 했는데 좀 줄 테니 동생들 가져다주라고 했다. 나는 도망도 못 가고 쭈뼛쭈뼛 따라갔다. 학교에서 멀지 않은 대사동 쪽이었던 거 같다. 대문이 있고 마당이 있는 한옥이었고, 초등학생인 듯한 사내아이 둘이 있었다. 그때 그 풍경이 사진처럼 찍혀있다. 시루떡 서너 쪽을 들고 시무룩해져 돌아와 동생들에게 먹인 기억이 난다. 그 이후 나는 담임을 더 피해 다녔고 반항심도 더 부풀어 올랐다.

 그리고 20년이 지나간 1994년, 3기 졸업 20주년 기념행사가 있다고 한 친구가 전해주었다. 그동안 동창 모임에 나가지 않았지만 그날은 가고 싶었다. 다른 건 다 접고 그때 멸치를 사준 담임 선생을 만나 이제라도 그때 그 멸치에 대한 감사 인사를 하고 싶었다. 하여 동창회 운영자에게 행사 때 편지를 써서 읽겠다고 연락했더니 시인이 되었으니 그렇게 하라고 했다. 그날 여러 교직원과 은사와 친구들, 목을 다쳐 깁스를 하고 온 담임 선생 앞에서 울먹이기도 하며 떨리는 목소리로 편지를 읽었다. 그때 그 멸치 감사하다고, 가정방문 때 일부러 집에 안 들어간 거 죄송하다고, 이제야 말할 수 있지만 그때 사놓고 간 멸치의 반은 종이뭉치였다고, 그런데 그 종이는 오래오래 간직하라며 꽁꽁 뭉쳐 넣어준 사랑이었다고, 그 사랑 지금도 지칠 때마다 꺼내 보며 용기를 낸다고 썼다. 그때 수녀님과 친구 몇몇이 눈물을 흘렸다고 했다.

그리고 다시 25년이 지나갔다. 사랑 운운이 좀 유치했지만 맞는 말이다. 만약 종이뭉치가 들어있지 않았다면 그날의 감정을 20년이 지난 그 시점에 어떻게 생생히 끄집어낼 수 있었겠는가. 선생은 그날 읽은 나의 편지를 책상 서랍에 두고 가끔 꺼내 읽어본다면서 무심한 이 제자에게 한동안 안부를 묻곤 했다. 그러나 언제부턴가 연락이 뚝 끊기고 그리움만 남았다.

괜찮아, 지금이 더 좋은 때

6~7년 전 일이다. 나보다 열 살쯤 나이 많은 선배 시인이 연말 문학 행사장에서 내 어깨에 양손을 턱 얹어놓으며 하는 말, "여기서 스톱! 아직은 보기 좋아. 이제 더 늙지 마." 했다.

그렇구나, 아직 노인 될 준비가 되지 않았는데 시간이 살아본 적 없는 낯선 노년기로 나를 데려다 놓으려 하는구나. 하지만 어쩔 것인가, 만휘군상이 생멸(生滅)을 반복하며 흘러가고 있는데. 너나 나나 티끌만도 못한 존재이니 찰나라도 멈추면, 아니 늙지 않으면 반칙이지.

성모여고 2학년 때였다. 성모여중 1학년 3반 23번이었던 윤이와 5번이었던 나와 6번이었던 문이, 그리고 다른 중학교를 나온 옥이, 우리 넷은 친해져서 틈만 나면 윤이네 집 건넌방을 아지트로 삼아 어울리곤 했다. 윤이 엄마에게 꾸지람까지 들어가며 방고래가 무너질 만큼 게임을 하고 천장이 내려앉을 만큼 웃고 떠들며 놀았다. 함께 어울린 남자 친구도 3명 있었는데 그중 정이는 양가에서 허락한 우리 넷 중 한 친구의 짝꿍이었고, 그 후 결혼한 둘이는 만난 지 반백 년이 다 지나도록 잘살고 있다. 친구들이 눈치챌 정도로 내가 짝사랑하던 원이는 어디선가 나처럼 늙어가고 있겠지. 남들이 뭐라 하건 말건 우리 7명은 교회도 함께 다니며 건전하게 잘 노는 한 팀이었다.

2018년 가을, 느지막이 그림을 그리기 시작한 문이가 〈보문대전〉에서 대상을 받았다는 소식을 알려와 얼떨결에 넷이 모였다. 40여 년 만의 일이었다. 셀 수 없는 날이 흘러갔음에도 모여서 같이 밥 한 끼 먹고 나니 타임머신을 타고 녹색 교복에 자주색 넥타이를 맸던 여고 시절 그때 그 마음으로 삽시간에 돌아갔다. 쉴 새 없이 이야기했으나 무진장 쌓인 사연들을 어떻게 다 나눌 수 있었겠는가. 시간 가는 줄 모르고 오후를 다 써버렸다.

"자주 만나자. 사는 거 뭐 있어. 건강이 최고여."

그래그래. 건강이 최고지. 화끈한 옥이의 말을 뒤로 하고 우린 헤어졌다. 그날 밤, 친구들은 무엇을 되새기며 잠들었을까.

늘 언니처럼 행동하던 윤이는 여전히 건강하게 언니 노릇을 하고, 문이는 예전처럼 귀여운 옷차림에 예술가 자태까지 더해지고, 만사 긍정적이고 명랑하던 옥이도 여전했다. 현재 문이는 그림 그리기에 열심이고, 음악 선생으로 정년퇴직한 옥이는 드럼 연주방을 만들어 잘 놀고, 윤이는 많이 아팠지만 신앙심으로 잘 이겨낸 후 성실한 전업주부로 잘 살고 있다. 나는 도서 편집자로 30여 년

일을 했고 지금은 시 쓰는 일에 전념하며 자족하고 있다. 자주 못 만날까 봐 아쉬웠던 고3 겨울방학 때, 어른이 되면 연립주택을 지어 같이 살자는 약속도 했었다. 철없이 함께 꾸던 꿈은 그저 꿈에 불과한 거였다.

숙녀가 되어가는 모습을 못 본 척하며 자랐듯 이제 늙어가는 모습은 서로 못 본 척하며 살아야겠지. 이제야 만나 아쉽지만 아직 꼬부라지게 늙진 않았으니 얼마나 다행인가. 그동안은 모두 바빴고 또 고생도 했겠지. 만만한 삶이 어디 있겠는가. 나부터도 그러했으니 말이다. 젊음을 다 보내고 나서야 우리는 자신과 주변을 돌아볼 여유가 생긴 것이다.

소풍

 봄이 무르익어가는 4월 초순, 임강빈 시인과 함께 서울에서 내려올 시인들을 기다리고 있었다. 한수정 시낭송가와 이가희 시인도 불러 함께했다. 최하림 시인에게 수업을 받은 적 있다는 이가희 시인은 무척 좋아했다. 오후 1시가 되어서야 조영서, 최하림, 이유경 시인이 편안한 옷차림으로 버스에서 내렸다. 오랜만에 만난 모두는 웃음꽃이 만발했다.

 조영서 시인이 지난번 가려다 못 간 그곳으로 점심 먹으러 가자고 했다. 작년 이맘때, 이유경 시인이 『월간조선』에 연재하고 있는 '임강빈 시인의 시인 탐험'을 쓰기 위해 취재차 조영서 시인과 함께 대전에 왔었다. 취재를 끝내고 유성 구즉에 있는 유명한 할매묵집에 들러 도토리묵을 먹기로 했는데 택시가 할매묵집 비슷한 곳으로 데려다주어 못 갔다. 이맘때가 되면 서천의 화양누르미, 부여의 갓개, 논산 강경 포구 일원의 우여회 축제가 열린다며 우여회 먹으러 논산 황산옥에 가자고 임강빈 시인이 제안했다. 하지만 일행을 태운 이가희 시인이 황산옥은 내년에 가기로 하고 할매묵집을 잘 알고 있다며 빠르게 방향을 돌렸다. 나는 한수정 시낭송가 차를 타고 뒤따랐다. 노루 꼬리만 한 눈부신 봄 햇살이 절정을 치닫고 있었다. 길가 벚꽃은 이제 막 피기 시작했고 활짝 핀 개나리 가지에는 파릇파릇 이파리가 돋기 시작했다.

할매묵집은 시골 동네 한가운데에 있는 허름한 집이었다. 손님들이 작은 방마다 북적거리지만 식당이라는 느낌이 아닌 시골 잔칫집 분위기였다. 네모반듯한 것에 진력난 어깨가 울퉁불퉁한 벽과 비스듬히 기울어진 낮은 천장 아래에서 긴장을 풀었다. 육수에 잘게 썬 도토리묵을 담고 양념장을 올린 묵말이 한 그릇씩과 손두부 두 접시, 동동주 한 병과 좁쌀막걸리를 시켰다. 임강빈 시인은 당뇨 때문에 소주를 즐기지만 모두 좋아하니 동동주로 통일할 수밖에 없다며 즐거워했다. 소문대로 묵말이는 담백하고 두부는 고소했다.

이야기보따리는 최하림 시인이 먼저 풀어놓았다. 지금은 양평에서 지내고 있으며 죽을 자리 보러 간 영동에서 4년여 살며 건강이 많이 좋아졌다고 했다. 혈색이 정말 좋아 보였다. 요즘 시인들은 시를 너무 쉽게 생각하고 쓰기 때문에 문예지는 많지만 만족할 만한 시가 없단다. 이야기에만 열중하다 보면 먹지 않는 습관이 있다면서 임강빈 시인이 따르는 막걸리만 조금씩 마셨다. 임강빈 시인과 마찬가지로 2003년 3월호에 실린 「시인의 시인 탐험」 취재 때문에 이유경 시인과 가까워졌다고 했다. 나이가 비슷하니 이제부터 말 놓고 친구로 지내자며 서로 손을 맞잡았다. 최하림 시인은 호적으로 1939년, 이유경 시인은 1940년생인데 실제 나이는 이유경 시인이 한 살 연상이라고 했다.

 이유경 시인은 과묵했다. 그나마 이야기할 새도 없이 휴대폰이 자꾸 울렸다. 사무가 바쁜 사람이라고 조영서 시인이 한마디 했다. 이유경 시인이 그동안 연재한 「시인의 시인 탐험」이 얼마 전 단행본 『하늘은 날더러 구름이 되라 하고』가 나왔는데, 그 책엔 김춘수 김종길 김남조 김광림 박희진 박성룡 성찬경 신경림 이형기 임강빈 조병화 조영서 허만하 홍윤식 등 14명의 시인이 등장한다고 했다. 임강빈 시인은 직접 찾아가 살을 만지듯 시인을 열심히 탐험하고 있다며 이유경 시인을 칭찬했다. 조영서 시인은 책 제목이 맘에 안 든다고 했다.

 조영서 시인은 요즘 가끔 임강빈 시인의 귀를 빌려달라고 전화하는데, 새로 쓴 시를 서너 편 읽어주고 시 이야기를 서로 주고받는다고 했다. 조선일보에 근무할 때는 딱딱한 기사 제목을 시적인 표현을 찾으려고 애썼다며, 그러고 보니 임강빈 시인을 제외하고 세 시인은 언론계에 종사한 경험이 있다고 했다. 갑자기 이유경 시인이 박찬호가 하는 야구가 어떻게 되었는지 아느냐고 물었다. 주로 맞장구를 치던 임강빈 시인이 야구 이야기가 나오니 목소리가 높아졌다. 이 약속 아니었으면 아마 야구를 보고 있었을 거라며 어떻게 되었는지 궁금하다고 했다. 이유경 시인은 야구 경기를, 조영서 시인은 축구 경기를 주로 이야기했다. 좁쌀막걸리 빈

조영서 최하림 임강빈 이유경 시인
2005. 4. 2. 대전 구즉 '할매묵집'에서 점심식사 후

병이 늘어가고 있었다.

 오후 5시는 되어서야 '할매묵집'을 나왔다. 임강빈 시인은 헤어지기 서운하니 대청호도 구경하자면서 작년 봄에 들렀던 '샘골집'으로 가자고 했다. 신탄진 외곽을 지나 청남대 쪽 대청호를 끼고 돌았다. 지금은 청남대를 개방했지만, 전에 그 주변에 가면 남의 나라 땅 밟는 듯 불편했다. 대청호는 만수위였다. 수몰민들의 아픔이 호수에 잠겨있고, 멀지 않은 곳에 내 고향 충북 보은군 회남면 법수리도 잠겨있다. 고향 뒷산엔 진달래꽃이 불을 지른 듯 피었을 것이다. 그 꽃 하도 따먹어 입술이 보라색으로 변한 아이들이 놀던 골목을 물고기들이 떼지어 놀고 인적 없는 고향을 소쩍새가 홀로 울고 있을 것이다.

 고향에서 했던 것처럼 나는 물이 오른 버드나무 가지를 잘라 호띠기를 만들어 오랜만에 불어보았다. 좋아하는 최하림 시인과 이유경 시인에게 호띠기를 한 개씩 만들어 주었더니 불어보고는 가져가겠다며 호주머니에 넣었다. 나중에 보면 쪼글쪼글 말라 있을 터이니 물에 담갔다가 불어보라고 일러주었다. 대청호가 내려다보이는 '샘골집'은 민물고기 매운탕을 전문으로 하는 곳이었다. 쏘가리 매운탕을 끓여놓고 돌미나리무침에 동동주를 곁들였다. 적당한 취기에 모두 흥이 돋았다. 임강빈 시인의 애창곡 「비 내리는 고모령」이 흘러나왔다. 손뼉을 치며 장단을 맞추는 불그레한 최하림 시인의 웃는 모습이 방안 가득 환하게 넘치고 조영서 시인의 위트는 이어졌다.

어둑어둑 대청호가 저물어가고 있었다. 내년 봄에는 우여회를 먹으러 가자고, 꼭 살아서 다시 만나자고, 손을 잡고 또 잡으며 작별 인사를 했다. 따듯한 봄바람이 아쉬워하는 노시인들 어깨를 다독이며 살그미 지나갔다.

이별, 익숙해지지 않는

2016년 7월 15일

선생님이 눈을 뜨지 않으셨다. 기면(嗜眠) 상태라고 했다. 한참 앉아있다가 헤어지기 전 따뜻한 선생님 손을 내 맘대로 꼭 잡고, 선생님 덕분에 즐거운 적 많았다고, 시를 놓지 않게 용기를 주시고 칭찬해 주시어 고맙다고, 다음 생엔 시인으로 나지 마시라고 맘속으로 작별 인사를 했다.

"이 별에선 이별도 놀이"라고 시를 쓴 적 있다. 말장난이었다. 좋은 인연과의 이별은 사는 내내 익숙해지지 않을 치명적인 독인 걸 알면서 객기로 그렇게 쓴 거다.

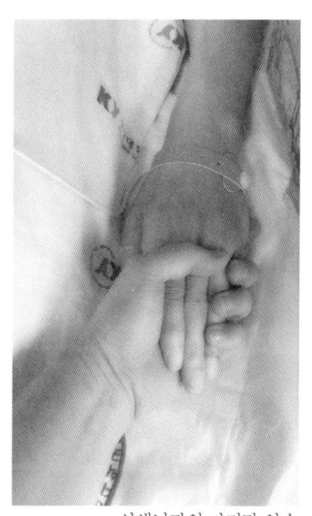

선생님과의 마지막 악수
2016. 7. 15. P.05:50

2016년 7월 16일

오늘은 혹시 잠에서 깨어나실지도 몰라. 이유도 없이, 내 의지와 상관없이, 무엇엔가 이끌리듯 서둘러 오후 1시 반쯤 병실에 도착했다. 그런데 이게 어쩐 일인가. 병실이 분주하고 선생님이 이상했다. 어제보다 눈을 더 꼭 감고 숨을 안 쉬셨다. 선생님 귀에 대고 조금 큰소리로 말했다.

"선생님 저 왔어요. 황희순이 왔어요. 정신 좀 차려보세요."

아, 그러나 20여 분 후 임종하시었다. 그만큼의 고통도 없이 어찌 이승을 하직하랴. 비교적 평안히 들숨을 멈추시었다. 눈물이 앞을 가렸다. 2016. 7. 16. 오후 2시에 의사의 사망선고가 내려졌다. 잔인한 인연이다. 부모님 임종도 지키지 못한 나를 왜 부르셨을까. 무얼 보여주고 싶으셨던 걸까. 물가에 세워놓은 듯 아슬아슬한 나를 끝까지 걱정하셨나.

"그동안 감사했어요. 잊지 않을게요. 선생님, 사랑합니다. 안녕히 가세요."

나는 선생님 머리를 감싸 안고 이제 진짜 영원한 작별 인사를 하고, 아직 온기 가시지 않은 선생님 손을 꼭 잡고 울었다.

올곧은 시정신을 변치 않고 품은 채 60년을 풍미한 큰 별이 졌다. 30도를 넘기던 무더운 날씨가 웬일인지 조금 시원해졌다. 누구에게도 신세를 지거나 부담을 주기 싫어하시던 성품대로 모두를 위해 이 좋은 주말에 초대형 사고를 치신 것이다.

썰렁한 빈소 구석에 앉아 소주에 눈물을 섞어 마시며 맞은편 빈자리에 선생님 몫으로 소주 한잔을 따라놓았다. 가끔 하던 대로 2003년 8월 6일, 선생님을 만나 점심을 먹고 소주도 한 병 나눠 마신 그날 장난삼아 찍은 사진을 영정으로 썼다. 준비가 덜 된 썰렁한 빈소 모니터에 선생님의 생전 영상이 흘러나왔다. 눈물이 자꾸 흘렀다. 어둠이 몰려오자 대전문인협회 회원 몇이 모여 시끌벅적 장례 준비를 했다. 어떤 말도 듣기가 싫어 등 돌리고 귀도 막고 앉아있었다.

시간을 거꾸로 돌려, 2016년 5월 9일

오랜만에 댁에서 마주한 선생님 미소는 여전하셨고, 조금 더 야위어 보이지만 전보다 걷는 모습이 나아진 듯했다. 예전에 선생님과 몇 번 갔던 동태찌개 잘하는 식당으로 외출을 감행했다. 지팡이와 내 손에 의지하여 몇 걸음 걷다 쉬고 또 쉬며 드디어 100여 미터 거리인 그곳에 도착했다.

정말정말 오랜만에 예전에 했듯 동태찌개와 소주를 한 병 시켰다. 얼마나 그립던 시간인가. 소주를 반 잔 따라드리고 선생님이 따라주신 술잔을 들고 건배하며 나는 감동하고 있었다. 한잔 더 따르라기에 안 된다고 했더니 괜찮다고 하셨다. 하여 반 잔쯤 또 따라드리고, 조금 더 조금 더 하시기에 한 모금씩 서너 번 따랐으니 두 잔 정도는 드시고 나머지는 내가 홀짝홀짝 다 마셨다. 그게 선생님과 나눈 마지막 술잔이었다.

2016. 5. 9. 오후

"야, 이제야 살 거 같다."

선생님의 그 말씀은 또 얼마나 오랜만에 들어보았던가. 그리고 돌아오는 길은 걷기 어려워하시어 큰며느리를 불러내 승용차를 타고 가기로 했다. 승용차를 기다리는 동안 찍은 사진 속 선생님 미소가 마지막 모습이 될 줄이야. "그래도 천 일은 살겠지?" 하시더니 두 달 일주일 만에 영영 떠나셨다.

2016년 7월 18일

영결식을 끝내고 꿈인 듯싶게 화장장(정수원)에 도착했다.

12시 20분, 화장이 끝났다는 소리가 마이크에서 흘러나왔다. 가슴이 쿵 내려앉은 바로 그때, 잠자리 한 마리가 내 앞에 주저앉았다. 사람에게 밟힐까 걱정되어 일으켜주려 손을 내밀었더니 내 손에 사뿐 올라앉아 날아가지 않았다. 이 무슨 일인가. 혹시 몸을 잃어버린 선생님께서 가까이 날고 있는 잠자리 날개를 빌어 내 손을 한 번 더 잡아주고 싶으셨나. 자꾸만 울려고 하는 내게 늘 하시던 대로 "어이고, 그래도 살아야지 워떡할겨. 기운 내야지." 이렇게 말씀하고 싶으셨던 건 아닐까. 귀에 쟁쟁한 선생님 목소리를 남기고 잠자리는 사라졌다.

 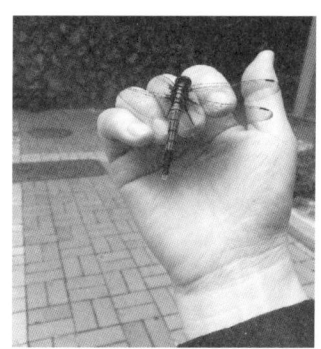

정수원 현관. 2016. 7. 18. P.12:22   정수원 현관. 2016. 7. 18. P.12:23

에필로그

 선생님의 새 시집 엮을 때마다 시가 몇십 편씩 남아 지금은 100편은 된다. 그 시에 대해, '생전에 발표하지 않은 작품을 유작이라고 내놓아 시인의 시세계를 흐려놓는 걸 본 적 있다. 내가 죽더라도 그 시들은 절대 내놓아서는 안 된다.'고 하셨다. 책을 발간하고 나면 지웠느냐고 확인까지 하셨지만 나는 그럴 수가 없었다. 물론 내놓을 생각도 없다. 세월이 흐른 뒤 그 미발표작들을 들여다보며 선생님을 추억하게 될 것이다. 그리고 점심때 만나 마지막 잔까지 나란히 놓고 똑같이 나눠 마시던 시간을 그리워할 것이다.

 꽃은 말이 없다. 향기가 있다. 그 꽃을 보려고 사람들은 다투어 모여든다. 처음엔 오솔길이다가 나중엔 큰 길이 생긴다. 나도 그 길을 따라 나서지만 아직도 그 실체를 모른 채 첩첩산중을 헤매고 있는 꼴이다.

　　—여덟 번째 시집 『비오는 날의 향기』 「시인의 말」 부분

이제야 비로소 실체를 아시고 안식을 찾으셨으리라.

평생을 청빈하게, 누구에게도 청탁을 넣거나 립-서비스하지 않던 선생님이 수시로 내게 들려주시던 사기에 나오는 경구를 다시 새겨본다. '도이불언 하자성혜 ; 桃李不言 下自成蹊, 복숭아와 오얏은 말을 하지 않지만 그 나무 밑에는 길이 저절로 생긴다.'

선생님의 명복을 두 손 모아 간절히 빈다.

2003. 10. 10. 보문산 사정공원 박용래 시비 앞에서
선생님과 선생님의 육촌동생인 세실리아 수녀와

'기도하는 사람'을 위하여
—임강빈 시비 건립기

　임강빈 선생을 처음 만난 건 대전의 한 출판사와 문학회 일을 도맡아 하고 있을 때였다. 1995년 11월, 선생의 정년퇴임 기념 시선집 『초록빛에 기대어』를 발간하고 선생의 부탁으로 책과 함께 보낼 편지를 타이핑하고 있었다. 그런데 문제가 생겼다. 글이 슬퍼 나는 울고 말았다. 선생은 무슨 일이냐며 깜짝 놀라며 어쩔 줄 몰라 했다. 글이 너무 슬프다고 했더니 당황하며 웃었다. 그즈음부터 선생과 임의로워졌다.

　그리고 2년쯤 후, 상상 초월 우환이 나를 매몰시켰다. 그때 임강빈 선생이 아무 말 없이 밥 사주고 내 울음 받아주며 '딴생각 말고 잘하는 시를 쓰라'고 독려했다. 지금의 나는 언제나 묵묵히 지켜봐 준 선생 덕분에 재조립된 시인이다. 선생은 심사(心師)였으니, 제맛을 모르면서 익어가는 사과처럼 조용히 노력하라 했고 지면이 없다고 구걸하지 말며 청탁이 오면 꾀부리지 말고 가장 잘 빚어진 시부터 발표하라 했다. 그리고 선생의 시집 만드는 걸 도왔다. 가을이면 보문산 사정공원 박용래 시비 앞에 막걸리 한 잔 따라놓고 박용래 시인에 관한 이야기를 들으며 소풍하듯 함께 시간을 보내기도 했다.

문협 주최로 보문산 음악당에서 백일장 행사가 있었다. 대전의 터주 노릇을 하는 그를 심사위원에서 뺄 수는 없었다. 오후가 되자 점심때부터 마신 술이 벌써 취해 있었다. 그는 열외로 밀렸다. 행사를 마치고 내려가는 일행 중에 제일 늦게 두 사람이 뒤로 처졌다. 비틀거리는 그를 붙잡고 한마디 쏘아붙였다.
"이젠 아주 시를 버릴 작정 했어?"
"……?"
"죽으면 그만이야. 쓰고 싶어도 못 하잖아."
"얼래, 참 이상한 말 하네."
"시비(詩碑) 어디가 좋을까. 이 보문산 어때?"
"필요 없어. 저 아래 가서 술 한잔 사라 임마."
우린 이렇게 씨부렁거리며 억지로 내려왔다.
—임강빈, 「朴龍來, 그리고 우정」 부분(2000. ≪시문학≫)

선생은 1984년 박용래 시비 건립추진위원장으로, "시비 이야기를 먼저 꺼냈으니 나는 약속을 지켰다."고 했다. 그때 내가 장난스레 "임강빈 시비는 박용래 시비 옆에 제가 세울게요." 했다. 기가 막히다는 듯 선생은 크게 웃으며, "어이구, 그때도 어려웠어. 어림도 없는 소리여." 했다. 선생 별세 후, 수시로 댁에 들락거리며 유품과 서재 정리를 마치고 2017년 3월 10일부터 시비 건립 준비를 시작했으니, 오래전 장난삼아 했던 말이 씨가 되었다.

 2016년 5월, 선생 댁에서 선생의 마지막 시집이 된 『바람, 만지작거리다』 교정 봐주던 날이었다. 이른 저녁을 먹으며 마지막으로 소주 한잔 마시던 그 밤, 나중에 시비 세우게 된다면 이거 어떻겠느냐며 시 「마을」을 보여주었다. 죽으면 그만이지 시비가 무슨 소용 있느냐고 오래전 하던 생각은 접고 예견이라도 했단 말인가. 장남 임창우도 문학상보다 시비를 세우는 게 좋겠다면서 시비 제작비는 걱정하지 말라고 했다. 시 「마을」을 새기고 싶어 하는 선생의 생각을 그도 알고 있었다.

 두려웠지만 가족의 말에 용기를 냈다. 최종태 선생의 조각품이 담긴 박용래 시비처럼 세울 수 있으면 좋겠다는 생각이 우선 떠올랐다. 유품 중 선생의 수첩에 적힌 최종태 선생 전화번호로는 통화가 되지 않았다. 며칠 후 중구문화원 토우 수업 중이던 2017년 3월 17일, 강사인 장순옥 토우작가를 통해 최종태 선생 전화번호를 알아내어 바로 전화를 했다. 임강빈 시비를 세우게 되면 박용래 시비처럼 해줄 수 있는지 조심스럽게 물었다. 최종태 선생은 유쾌하게 웃으면서 같이 한번 잘해보자고 했다. 천군만마를 얻은 듯 기뻤다.

 2019년 3월과 4월 두 달 동안 제주살이를 다녀와서 본격적으로 시청에 제출할 시비 건립 제안서를 작성하기 시작했다. 임강빈 선생의 공적 자료와 문학적 자료 수집 등 시청에서 받아온 서류의 빈칸 메우기에 전념했다. 인터넷과 도서관, 대전문학관과 유가족을 통해 모은 자료를 편집했고, 최종태 선생의 시비 설계 스케치도 7월 1일 다시 받아 계획서에 붙였다. 누군가의 손을 빌리지 않고 내 손으로 편집할 수 있어서 천만다행이었다.

그 일을 왜 황희순이 혼자 하느냐며 나무라는 대전의 대선배 시인도 있었고 공론화하라는 시인도 있었다. 하지만 대전광역시에서 관리하는 공원이라서 허가 안 해줄지도 모르는 상태에서 탁상공론이나 하며 시간 보내고 싶지 않았고, 우선 모이면 돈이 들 텐데 그것 또한 문제라서 내 소신대로 밀고 나갔다. 시청에 제출할 서류 작성을 위해 형식적으로라도 시비건립추진위원회를 구성해야 했다. 하여 대중들이 알 수 있고 개인적으로도 만난 적 있는 유명 시인과 전국적이거나 대전과 충남 문학 단체장들에게 전화하고 서신을 보내 협조와 양해를 구했다. 선생의 3주기인 2019년 7월 16일, 최종태 선생에게 서류에 첨부할 시비 디자인 콘셉트와 이 일이 성사될 경우 필요한 비문(碑文)을 써달라는 부탁을 조심스럽게 했다. 비문은 시인이 써야 하지 않겠느냐고 했지만 간곡한 나의 청에 결국 허락했다. 다음은 7월 20일 받은 최 선생의 디자인 콘셉트 글이다.

시인 임강빈의 인품과 시세계가 소박하고 고요하고 단정하여 '고귀한 단순'으로 보였다. 그것을 상징화하기 위해서 가장 한국적인 화강석을 취재키로 하였고, 돌의 물질성을 극대하게 살리면서 시인의 이미지를 〈기도하는 사람〉으로 형상화해 돌에 새기기로 하였다. 다시 말하자면, 소박 강직한 화강석 덩어리로 하여금 영원히 여성적인 것으로 승화시켜서 품격을 더하여 여백의 미를 구현코자 한다. 이 헌정의 기념물이 임강빈 시인의 시정신을 만세가 기리도록 정성을 다할 것이다.(2019년 7월 설계자 최종태)

이 글을 읽고 감동하여 임강빈 선생을 처음 만났을 때 편지를 타이핑하다 울었듯 눈물이 흘러내렸다. 그 힘으로 자료를 하나라도 더 찾아 계획서에 보태려고 노력했다. 안 될 수 있음을 알면서도 함께 노력한 선생의 장남 창우, 부탁하면 다 들어주는 동생 같은 그에게 미안하기도 했다. 주변의 쑥덕공론을 뒤로 하고 탁상공론도 하지 않고 편집한 신청서와 계획서와 선생의 이력(履歷) 등 167쪽을 1차로 준비하여 2019년 8월 6일 문화예술정책과를 방문했다. 다행히 문화예술정책과 팀장이 접수했다. 접수한 서류는 행정안전부까지 올라가기 때문에 두세 달은 걸릴 거라고 했다. 다음은 1차 서류 중 발췌한 중요한 부분과 시비를 제작할 최종태 선생의 작품 제작을 도맡아 하는 대한석상 이재순 석장(국가무형문화재)에게 받은 시비 도면 등으로 도시경관과 〈심의도서〉를 편집하기 시작했다. 미친 듯 컴퓨터 앞에 앉아 열중했다. 그 와중에 도움을 준 마음이 처처에 있었다. 카톡으로 생뚱맞게 시비의 필요성을 묻거나 또 다른 내용 물어보면 성의껏 답해주던 선후배 문우들, 일일이 호명할 수는 없지만 참으로 고마웠다. 8월 22일에는 시 「마을」 '저작권 승낙서', 27일에는 시비 '기부채납신청서'를 이메일로 받아 작성하여 담당자에게 보내고, 심의자료 A3 컬러 13쪽을 인쇄 준비까지 숨 가쁘게 끝내놓았다. 그리고 나는 9월 1일부터 두 달 동안 예정되어 있던 담양의 창작실 〈글을낳는집〉에 입주했다.

임강빈 선생은 섬세하고 날카로우나 모나지 아니하며 일상의 평범한 말 속에서 시어를 찾았다. 세속에 물듦이 없는 맑은 영혼과 안분지족의 선비정신으로 오늘을 살고, 순수 무구한 시정(詩情)을 구도의 언어로 다듬었다. 그리하여 고귀한 여백의 미를 그려내었다. 사랑하는 시인이여, 당신을 아끼는 많은 이들의 마음을 담아 여기에 비를 세우니 만세를 기억하며 함께할 것이다.

위의 글은 10월 18일 담양 창작실에서 이메일로 받은 최종태 선생의 시비 후면에 새길 비문(碑文)이다. 이 글을 읽고 또 감동했다. 담양에서 대전의 일은 잊고 창작에 열중하면서 10월을 보내고 있었다. 말일이 되기 전인 23일 담당자로부터 심의 날짜가 잡혔다는 전화를 받았다. 하여 심의자료 도서를 만들고 시뮬레이션 영상을 만들어야 했으므로 퇴실 3일을 남겨두고 27일 대전에 왔다. 심의자료를 만들던 중 시청 담당자가 기부심사위원회에 심의를 받아야 하니 이메일로 보낸 '지정기탁서'에 시비의 사용목적, 사용용도, 기탁사유 등을 써서 보내라고 했다. 나름대로 써 보냈더니 구체적으로 다시 써서 보내라고 했다. 쓰고 쓰고 또 쓰고……, 비슷한 내용의 사용계획, 건립사유, 용도, 필요성 등을 하도 써서 피로감이 폭발 수준이었다.

2019년 12월 18일 제6회 대전광역시 공공디자인위원회 심의는 몇 글자 수정하고 재심의나 디자인 변경 없이 무사통과되었다. 인가고시 공문만 받으면 될 거라는 생각에 긴장을 풀고 있는 사이 해가 바뀌었다. 그런데 2020년 1월 8일, 공원녹지과와 공원관리과 심의가 남았다는 전화를 받았다. 뒤통수 맞은 느낌이었다. 내가 도저히 손을 댈 수 없는 숫자와 법률용어뿐인 〈대전광역시 도시계획시설(사정근린공원) 도시관리계획 결정(변경) 신청서〉와 〈도시계획시설사업 실시계획인가 신청서〉였다. 이 과정이 남았다는 걸 전 담당자도 몰랐던 모양. 실망하는 나에게 새로 온 담당자가 약식으로 서둘러 해주겠다고 약속했다. 내가 감당하기 어려워서 용역을 맡겼다. 3월 16일, 맡긴 서류를 찾아 시청에 제출했다. 봄을 견디기 힘든 나는 틈만 나면 일탈하려고 애썼다. 독서와 창작은 핑계고 대전을 떠나고 싶었다. 4월 1일, 한 달 머물기로 하고 정읍의 고택문화체험관에 입주했다. 5일, 동진강변 산책 중 시청 담당자에게서 전화가 왔다. 시비 공사를 시작해도 된다고 했다. 기뻐서 눈물이 나올 뻔했다. 바로 최종태 선생에게 소식을 전했더니 돌은 바로 구해 작업할 수 있다며 반가워했다.

한 달을 잘 보내고 대전에 왔다. 2020년 5월 7일 〈대전광역시 도시계획사업 실시계획 인가고시 2020-85호〉 서류를 이메일로 받았다. 안 될지도 모를 일이었으므로 걱정과 스트레스가 더 많았던 하루하루, 시비를 정말 세우게 되었다는 사실이 꿈만 같았다. 인가 고시 소식을 최종태 선생에게 알렸더니 무척 반가워하며 제작은 잘 진행되고 있다고 했다.

  6월 8일, 드디어 기초공사가 시작되었다. 박용래 시비에서 25m 떨어진 잔디밭, 작은 목련 세 그루가 자라고 있는 자리가 가장 좋은 자리라서 어쩔 수 없이 이식하기로 했다. 포클레인이 큰일을 하지만 사람 손도 필요했다. 하여 나도 삽을 들고 잔디와 흙을 퍼 날랐다. 며칠 동안 산을 오르내리며 땀을 흘렸지만 자청한 일이니 즐거웠다. 신기하게 일할 땐 구름이 해를 가려주고 일이 끝나면 비가 오고, 하늘에서 누군가가 내려다보며 일을 돕고 있는 것만 같았다.

  건립기념식은 임강빈 선생 4주기인 2020년 7월 16일 오후 3시로 결정하였다. 6월 23일에 드디어 시비 설치가 시작되었다. 시비가 제자리에 세워지던 순간의 감격을 잊을 수가 없다. 비신(碑身)에 상감(象嵌)한 조각품 최종태 작 〈기도하는 사람〉이 눈부시게 아름다웠다. 눈물이 울컥 쏟아졌다. 임강빈 선생이 환생한 듯했다. 2020년 7월 9일, 시청 직원 셋이 나와서 준공검사를 하고 사진을 찍었다. 다음날 나는 이 일의 진짜 마지막 서류인 '공공디자인심의 이행결과', '완료보고서', '준공검사조서'를 차례로 작성하여 이메일로 보내고 서류 작성하는 일로부터 해방되었다.

임강빈 시비. 2020. 10. 5. 밤

에필로그

건립기념식은 코로나바이러스 팬데믹 때문에 간략히 치렀다. 최종태 선생을 비롯한 추진위원 몇몇과 사범대 시절 임강빈 선생을 짝사랑했다는 임성숙 선생과 대전의 시인들과 유가족 등 70여 명이 참석했다. 제막식도 생략하고 행사는 간소하게 1시간 만에 끝냈다. 참석자를 비롯하여 3년여 물심양면 도움을 준 모든 이에게 감사한다.

임강빈 시비는 생전의 외우(畏友) 박용래 시비 곁에 서 있다. 대전 중구 보문산 사정공원에 서 있는 두 시비는 최종태 선생 설계 작품이다. 밤마다 시비를 환히 비추는 가로등은 덤으로 얻었다.

달밤이면 정담 나눌 두 시인의 시혼은 만세불변(萬世不變) 고즈넉이 함께 빛날 것이다.

그림자 읽기

2025년 10월 31일 초판 1쇄 펴냄

지은이 _ 황희순
펴낸이 _ 양문규
펴낸곳 _ 詩와에세이

신고번호 _ 제2017-000025호
주　　소 _ (30021) 세종특별자치시 조치원읍 충현로 159, 상가동 107-1호
대표전화 _ (044)863-7652
팩시밀리 _ 0505-116-7653
휴대전화 _ 010-5355-7565
전자우편 _ sie2005@naver.com
공 급 처 _ 한국출판협동조합
주문전화 _ (02)716-5616
팩시밀리 _ (031)944-8234~6

ⓒ황희순, 2025
ISBN 979-11-91914-94-8 (03810)

* 지은이와 협의하여 인지는 생략합니다.
* 이 책 내용의 전부 또는 일부를 재사용하려면 반드시 지은이와
  詩와에세이 양측의 동의를 받아야 합니다.
* 책값은 뒤표지에 표시되어 있습니다.
* 본 사업은 대전문화재단, 대전광역시에서 사업비 일부를 지원받았습니다.